여러분의 합격을 응

KB136495

해커스소방의 특별 예택!

단기 합격을 위한
해커스 커리큘럼

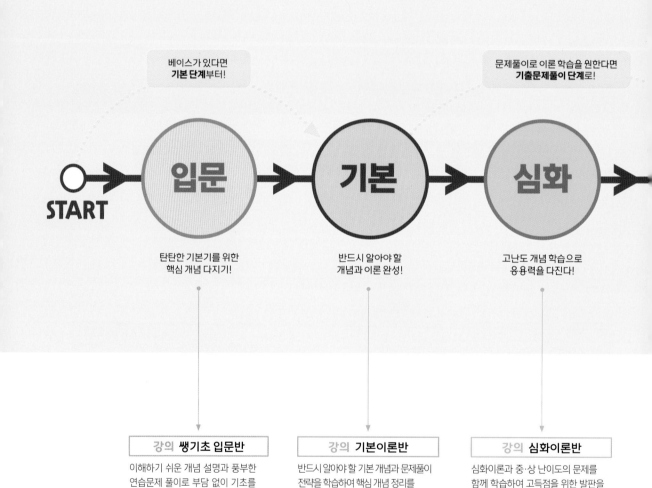

베이스가 있다면
기본 단계부터!

문제풀이로 이론 학습을 원한다면
기출문제풀이 단계로!

START

입문

탄탄한 기본기를 위한
핵심 개념 다지기!

기본

반드시 알아야 할
개념과 이론 완성!

심화

고난도 개념 학습으로
응용력을 다진다!

강의 쌩기초 입문반

이해하기 쉬운 개념 설명과 풍부한
연습문제 풀이로 부담 없이 기초를
다질 수 있는 강의

강의 기본이론반

반드시 알아야 할 기본 개념과 문제풀이
전략을 학습하여 핵심 개념 정리를
완성하는 강의

강의 심화이론반

심화이론과 중·상 난이도의 문제를
함께 학습하여 고득점을 위한 발판을
마련하는 강의

단계별 교재 확인 및
수강신청은 여기서!
fire.Hackers.com

* 커리큘럼은 과목별·선생님별로 상이할 수 있으며, 자세한 내용은 해커스소방 사이트에서 확인하세요.

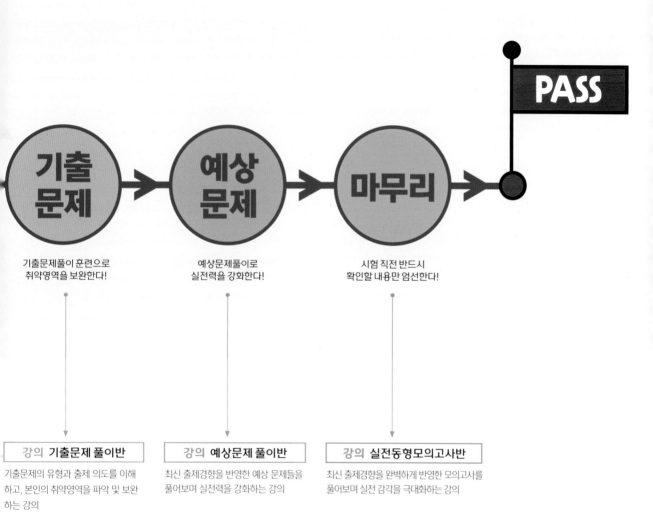

기출 문제

기출문제풀이 훈련으로
취약영역을 보완한다!

예상 문제

예상문제풀이로
실전력을 강화한다!

마무리

시험 직전 반드시
확인할 내용만 엄선한다!

PASS

강의 **기출문제 풀이반**

기출문제의 유형과 출제 의도를 이해
하고, 본인의 취약영역을 파악 및 보완
하는 강의

강의 **예상문제 풀이반**

최신 출제경향을 반영한 예상 문제들을
풀어보며 실전력을 강화하는 강의

강의 **실전동형모의고사반**

최신 출제경향을 완벽하게 반영한 모의고사를
풀어보며 실전 감각을 극대화하는 강의

강의 **봉투모의고사반**

시험 직전에 실제 시험과 동일한 형태의
모의고사를 풀어보며 실전력을 완성하는 강의

해커스소방 **단기 합격생**이 말하는
소방 합격의 비밀!

노베이스 초시생도
소방 최종 합격

전*환 합격생

7개월 만에 공채 최종 합격!
———
해커스소방을 선택한 이유, 가성비 대비 **고품질 강의.**
처음 접하는 과목인 만큼 두려움이 많았지만
해커스소방 선생님들을 따라 좋은 점수로 최종 합격!

대학생도 최단기
소방 최종 합격

정*도 합격생

9개월 만에 공채 최종 합격!
———
휴학 후 준비하게 된 소방공무원 학원 선택의 고민 중
합리적인 가격에 질 좋은 강의를 들을 수 있어
해커스소방을 선택했고, 최종 합격했어요!

직장과 병행하고
소방 최종 합격

이*민 합격생

6개월 만에 경채 최종 합격!
———
일과의 **병행**으로 인강으로 수업 대체가 필요했고,
해커스소방을 선택해 총 6개월 동안 열심히 공부해
좋은 성적으로 경채 구급에 최종 합격했어요!

해커스와 재도전!
소방 최종 합격

이*운 합격생

해커스소방에서 최종 합격!
———
19년 필기 불합격 이후, 환경직 **합격자 친구의 추천**으로
수강한 해커스소방! 타학원 대비 상대적으로 **저렴했고**
강의의 질과 수험생을 위한 서비스가 빠르고 편했어요!

해커스소방

김진성
소방관계법규

합격생 필기노트

해커스소방

김진성

약력

현 | 해커스소방 소방관계법규 강의
현 | 경민대학교 외래교수
현 | 중앙소방학교 초빙교수
전 | 아모르이그잼 소방관계법규 강의
전 | 서정대학교 겸임교수
전 | 한국소방사관학원 원장 및 소방관계법규 교수
전 | 한교고시학원 소방관계법규 교수
전 | 강원대학교, 호원대학교, 인천소방학교 초빙교수

저서

해커스소방 김진성 소방관계법규 합격생 필기노트
해커스소방 김진성 소방관계법규 기본서1·2
해커스소방 김진성 소방관계법규 단원별 기출문제집
해커스소방 김진성 소방관계법규 단원별 실전문제집

들어가며

소방공무원이라는 간절한 꿈을 가지고 이 책을 펼친 여러분들께,

필기노트는 소방공무원이라는 꿈을 이루기 위한 필수 요소로 소방공무원 시험의 합격과 직접적 관련이 있다고 하여도 크게 과장된 말은 아닌 것 같습니다. 그만큼 학습과 시험에서 핵심 키워드로 내용을 간결하게 정리하는 필기노트가 중요합니다. 그러나 법을 처음 공부하는 수험생 입장에서 소방관계법규의 기본 과정을 학습하였다 하더라도 방대한 양의 내용을 간결하게 정리한다는 것은 쉬운 일이 아닙니다. 물론 필기한 내용을 가지고 작성할 수도 있으나 시간이 많이 소요된다는 비효율성을 가지고 있습니다. 이러한 수고를 해결하기 위하여 『해커스소방 김진성 소방관계법규 합격생 필기노트』를 출간하게 되었습니다.

『해커스소방 김진성 소방관계법규 합격생 필기노트』를 다음과 같이 학습하면, 효율적으로 시험을 대비할 수 있을 것입니다.

첫째, 기본서로 기본기를 탄탄하게 다진 후 『해커스소방 김진성 소방관계법규 합격생 필기노트』를 이용하여 핵심 키워드를 정리하고 소방관계법규의 큰 뼈대를 세우는 것에 집중합니다.

둘째, 기출문제를 풀어보고, 자주 틀리는 키워드와 헷갈리는 내용을 『해커스소방 김진성 소방관계법규 합격생 필기노트』에 정리하여 이론을 단권화합니다. 시험 직전까지 나만의 필기노트를 완성한다면 학습시간을 단축하여 효율적인 학습에 큰 도움을 줄 것입니다.

셋째, 개념에 대한 이해를 진행한 다음 암기가 필요한 부분을 선별하여 학습합니다. 특히, 『해커스소방 김진성 소방관계법규 합격생 필기노트』에서 빨간색 글자로 강조된 내용이나, 초록색 글자로 표시된 함정으로 출제되기 쉬운 내용은 반복적으로 체크하며 헷갈리지 않는 지식으로 만들어야 합니다.

또한, 소방공무원 시험 전문 사이트 해커스소방(fire.Hackers.com)에서 제공하는 본 교재에 대한 무료 강의를 함께 수강하며, 학습 중 궁금한 점을 나눈다면 학습 효과를 극대화할 수 있을 것입니다.

끝으로 『해커스소방 김진성 소방관계법규 합격생 필기노트』를 통해 모든 수험생에게 합격의 영광이 있기를 기원합니다.

김진성

1

시험에 꼭 나오는 핵심내용만을 선별하여 수록

불필요한 내용은 제외하고 시험에 꼭 나오는 내용만을 담아 소방관계법규 내용을 한 권으로 정리하였습니다. 여기에 헷갈리는 개념, 자주 틀리는 개념이 있다면 표시를 하고, 필기를 덧붙여 나만의 필기노트를 만들어보세요. 한 권으로 정리한 필기노트는 언제 어디서든 쉽게 반복학습이 가능합니다.

2

핵심 키워드로 이론을 효과적으로 기억할 수 있도록 구성

시험에서 출제 포인트가 되고, 내용의 뼈대가 되는 '핵심 키워드'를 왼편에 따로 수록하였습니다. 이론을 학습한 다음, 내용을 가린 채 핵심 키워드만 보고 어떠한 내용인지 떠올리며 나의 학습 상태를 점검해보세요. 이는 학습한 내용이 오래도록 기억에 머무를 수 있게 도와줄 것입니다.

3

우선순위를 바탕으로 선별한 중요 기출지문 수록

기출문제 중 중요한 최신 선지만을 선별하여 '중요 기출지문 모음 zip'으로 수록하였습니다. 기출지문을 같은 비중으로 학습하는 것보다 우선순위를 바탕으로 선별하여 학습한다면 보다 효율적인 학습이 가능합니다. '중요 기출지문 모음 zip'으로 그 날의 학습 내용을 바로 확인해보세요. 기출지문과 연결되는 이론들을 떠올려보며 나의 취약점이 무엇인지 파악할 수 있습니다.

4

헷갈리기 쉬운 내용을 비교·정리한 부록 제공

소방관계법규 내용 중 헷갈리기 쉬운 내용을 정리하여 부록으로 수록하였습니다. 전체 내용을 학습한 후 부록을 활용하여 헷갈리기 쉬운 내용을 한번 더 정리해 보세요. 반복학습을 통해 정확한 내용을 숙지한다면 시험을 완벽하게 대비할 수 있습니다.

5

본 교재 인강 및 온라인 단과강의 할인쿠폰 제공(fire.Hackers.com)

해커스소방(fire.Hackers.com)에서는 김진성 선생님의 본 교재를 활용한 강의 및 소방관계법규의 다양한 강의를 제공하고 있습니다. 친절한 강의와 함께 학습하면 소방관계법규를 더 쉽고, 빠르고, 정확하게 완성할 수 있습니다.

김진성 소방관계법규 **합격생 필기노트**만의 **특별한 구성**

📍 교재의 구성 요소

본문 내용의 주제와
출제 포인트를 확인할 수 있는
핵심 키워드

선생님이 친절하게
설명해주시는
학습tip이 담긴
찐tip

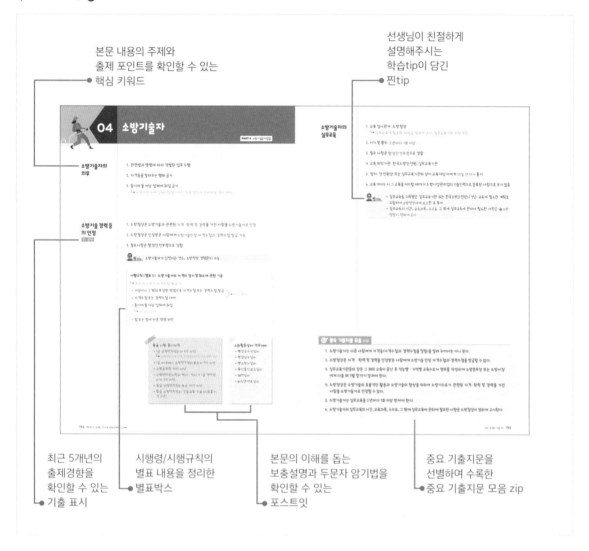

최근 5개년의
출제경향을
확인할 수 있는
기출 표시

시행령/시행규칙의
별표 내용을 정리한
별표박스

본문의 이해를 돕는
보충설명과 두문자 암기법을
확인할 수 있는
포스트잇

중요 기출지문을
선별하여 수록한
중요 기출지문 모음 zip

📍 합격생 필기노트 이렇게 보자

검정글자	빨강글자	파랑글자	초록글자	★	찐 tip	노랑 포스트잇	분홍 포스트잇
본문	강조	참고	함정	중요설명	학습tip	두문자 암기법	보충설명

목차

소방관계법규

정의
19. 경채, 20. 공채·경채

1. 소방대상물: 건축물, 차량, 항구에 매어둔 선박, 선박 건조 구조물, 산림, 그 밖의 인공구조물 또는 물건 → 항공기, 철도차량 포함 ✗

2. 관계지역: 소방대상물이 있는 장소 및 그 이웃 지역으로서 화재의 예방·경계·진압, 구조·구급 등의 활동에 필요한 지역

3. 관계인: 소방대상물의 소유자·관리자 또는 점유자

4. 소방본부장: 시·도 등에서 화재의 예방·경계·진압·조사 및 구조·구급 등의 업무를 담당하는 부서의 장

5. 소방대: 소방공무원, 의무소방원, 의용소방대원

6. 소방대장: 화재, 재난·재해, 그 밖의 위급한 상황이 발생한 현장에서 소방대를 지휘하는 사람
   → 소방본부장 또는 소방서장 등

소방기관의 설치
21·22. 경채

1. 소방본부장 또는 소방서장은 그 소재지를 관할하는 특별시장·특별자치시장·광역시장·도지사 또는 특별자치도지사(시·도지사)의 지휘와 감독을 받음
   → 시·군·구청장 ✗

2. 설치 필요사항은 대통령령으로 정함

119종합상황실
→ 지체 없이 보고

→ 이상 기상 상황의 예보 및 특보에 관한 사항은 업무에 포함 ✗

21. 공채

1. 전산요원, 통신요원 각각 1인 이상 배치

2. 설치·운영권자: 소방청장, 소방본부장, 소방서장
   → 시·도의 소방본부, 소방서 및 소방청에 각각 설치

3. 정보 수집·분석과 판단·전파, 상황관리, 현장 지휘 및 조정·통제

4. 필요사항은 ★행정안전부령으로 정함

5. 24시간 운영체제 유지

6. 보고대상: 소방서장 ⇨ 소방본부장 ⇨ 소방청장

   ┌ 화재
   ├ 통제단장의 현장지휘가 필요한 재난상황
   └ 언론에 보도된 재난상황
                → 화재, 재해 ✗

119종합상황실 실장의 업무

신고접수

⇩

사고수습(출동지령)

⇩

지원요청

⇩

재난상황 전파 · 보고

⇩

현장지휘, 피해현황 파악

⇩

수습에 필요한 정보수집 · 제공

화재 보고대상

- 사망 5명, 사상 10명, 이재민 100명 이상, 재산피해 50억원 이상 발생한 화재
- 관공서, 학교, 정부미도정공장, 문화재, 지하철 또는 지하구의 화재
- 관광호텔, 지하상가, 시장, 백화점, 다중이용업소의 화재
- 11층 이상 건축물, 지정수량 3천배 이상 위험물 제조소 · 저장소 · 취급소에서 발생한 화재
- 5층 이상이거나 객실 30실 이상인 숙박시설, 5층 이상이거나 병상 30개 이상인 병원 · 요양소에서 발행한 화재
- 연면적 1만5천m² 이상인 공장 또는 화재경계지구에서 발행한 화재
- 1천톤 이상 선박, 철도차량, 항공기, 발전소, 변전소 화재, 가스 및 화약류 폭발에 의한 화재
  → 소방대상물 포함 ×

소방기술민원센터
22. 공채 · 경채

1. 설치 · 운영자: 소방청장, 소방본부장

2. 구성: 센터장을 포함하여 18명 이내

3. 수행업무

- 법령해석 등의 민원(소방기술민원)의 처리
- 질의회신집 및 해설서 발간
- 정보시스템의 운영 · 관리
- 현장 확인 및 처리
- 소방기술민원과 관련된 업무로서 소방청장 또는 소방본부장이 지시하는 업무

소방박물관
19. 경채

1. 설립 · 운영권자: 소방청장

2. 필요사항은 행정안전부령으로 정함

3. 박물관장: 소방공무원 중 소방청장이 임명

4. 박물관 운영위원: 7명 이내

5. 소방의 역사, 소방장비, 소방공무원의 복장 등의 변천 및 발전에 관한 자료를 수집 · 보관 및 전시

소방체험관

1. 설립·운영권자: 시·도지사 → 운영위원 없음

2. 필요사항은 시·도 조례로 정함 → 기준: 행정안전부령

> **소방체험관의 설립 및 운영에 관한 기준**
>
> - 설립 입지 및 규모 기준
>   - 소방체험관은 도로 등 교통시설을 갖추고, 재해 및 재난 위험요소가 없는 등 국민의 접근성과 안전성이 확보된 지역에 설립
>   - 소방체험관 중 소방안전 체험실로 사용되는 부분의 바닥면적의 합은 900m² 이상
> - 소방체험관의 시설 기준
>   - 소방체험관에는 다음 표에 따른 체험실을 모두 갖추어야 함
>   - 체험실별 바닥면적은 100m² 이상
>
> | 분야 | 체험실 |
> |---|---|
> | 생활안전 | 화재안전 체험실 |
> | | 시설안전 체험실 |
> | 교통안전 | 보행안전 체험실 |
> | | 자동차안전 체험실 |
> | 자연재난안전 | 기후성 재난 체험실 |
> | | 지질성 재난 체험실 |
> | 보건안전 | 응급처치 체험실 |

소방업무 종합 계획
`20. 공채, 22. 경채`

1. 종합계획 → 재난·재해환경에 따른 대응체계 마련
   장애인, 어린이, 노인 등 이동이 어려운 사람을 대상으로 한 소방활동에 필요한 조치
   - 정책의 기본방향
   - 소방업무 체계의 구축, 소방기술의 연구·개발 및 보급
   - 소방업무에 필요한 장비의 구비
   - 소방전문인력 양성
   - 소방업무에 필요한 기반조성
   - 교육 및 홍보
   - 그 밖에 대통령령으로 정하는 사항

2. 종합계획은 5년마다 소방청장이 수립·시행, 시행 전년도 10월 31일까지 수립

3. 소방청장은 수립한 종합계획을 관계 중앙행정기관의 장, 시·도지사에게 통보
   → 시·군·구청장 ×

4. 세부계획은 매년 시·도지사가 수립·시행, 시행 전년도 12월 31일까지 수립
   → 관할지역의 특성 고려

5. 그 밖에 필요사항은 대통령령으로 정함

찐 tip
- 종합계획 수립·시행권자: 소방청장(5년마다)
- 세부계획 수립·시행권자: 시·도지사(매년)

시행령 제1조의3(소방업무에 관한 종합계획 및 세부계획의 수립·시행) ① 소방청장은 「소방기본법」(이하 "법"이라 한다) 제6조 제1항에 따른 소방업무에 관한 종합계획을 관계 중앙행정기관의 장과의 협의를 거쳐 계획 시행 전년도 10월 31일까지 수립하여야 한다.

② 법 제6조 제2항 제9호에서 "대통령령으로 정하는 사항"이란 다음 각 호의 사항을 말한다.

1. 재난·재해 환경 변화에 따른 소방업무에 필요한 대응 체계 마련

2. 장애인, 노인, 임산부, 영유아 및 어린이 등 이동이 어려운 사람을 대상으로 한 소방활동에 필요한 조치

③ 특별시장·광역시장·특별자치시장·도지사 또는 특별자치도지사(이하 "시·도지사"라 한다)는 법 제6조 제4항에 따른 종합계획의 시행에 필요한 세부계획을 계획 시행 전년도 12월 31일까지 수립하여 소방청장에게 제출하여야 한다.

소방의 날

1. 매년 11월 9일

2. 필요사항은 소방청장 또는 시·도지사가 따로 정하여 시행 가능

3. 소방청장의 명예직 소방대원 위촉
   - 의사상자
   - 소방행정 발전 공로자

🎯 중요 기출지문 모음 zip

1. 소방대상물이란 건축물, 차량, 항구에 매어둔 선박, 선박 건조 구조물, 산림, 그 밖의 인공 구조물 또는 물건을 말한다.

2. 소방대란 화재를 진압하고 화재, 재난·재해, 그 밖의 위급한 상황에서 구조·구급 활동 등을 하기 위하여 소방공무원, 의무소방원, 의용소방대원의 사람으로 구성된 조직체를 말한다.

3. 소방대장이란 소방본부장 또는 소방서장 등 화재, 재난·재해, 그 밖의 위급한 상황이 발생한 현장에서 소방대를 지휘하는 사람을 말한다.

4. 관계인이란 소방대상물의 소유자·관리자 또는 점유자를 말한다.

5. 소방청장, 소방본부장 및 소방서장은 화재, 재난·재해, 그 밖에 구조·구급이 필요한 상황이 발생하였을 때에 신속한 소방활동을 위한 정보의 수집·분석과 판단·전파, 상황관리, 현장 지휘 및 조정·통제 등의 업무를 수행하기 위하여 119종합상황실을 설치·운영하여야 한다.

6. 소방의 역사와 안전문화를 발전시키고 국민의 안전의식을 높이기 위하여 소방청장은 소방박물관을, 시·도지사는 소방체험관을 설립하여 운영할 수 있다.

02 소방장비 및 소방용수시설 등

소방력
19. 경채

1. 소방력 3요소: 인력 + 장비 + 소방용수

2. 소방력의 기준은 행정안전부령으로 정함

3. 소방장비의 분류·표준화·관리 등에 필요한 사항은 따로 법률에서 정함

4. 소방력의 기준에 따라 관할구역의 소방력을 확충하기 위하여 시·도지사가 필요한 계획 수립·시행

소방장비 등에 대한 국고보조
20 · 21. 경채,
23. 공채 · 경채

1. 보조 대상사업의 범위와 기준보조율은 대통령령으로 정함
   └→ 이것만 대통령령, 장비 대부분은 행정안전부령

2. 국고보조 대상사업 → 소방용수시설, 소방의(소방복장) 근무복 포함 X
   - 소방활동장비와 설비의 구입 및 설치
     - 소방자동차
     - 소방헬리콥터 및 소방정
     - 소방전용통신설비 및 전산설비
     - 방화복 등 소방활동에 필요한 소방장비
   - 소방관서용 청사의 건축

소방용수시설의 설치 및 관리
20. 공채,
22 · 23. 공채 · 경채

1. 소방용수시설: 소화전, 급수탑, 저수조
   └→ 고가수조 포함 X

2. 설치·유지·관리권자: 시·도지사

3. 일반수도사업자는 관할 소방서장과 사전협의를 거친 후 소화전 설치·유지·관리

4. 비상소화장치
   - 설치·유지·관리권자: 시·도지사
   - 설치대상 지역: 화재예방강화지구, 시·도지사가 비상소화장치의 설치가 필요하다고 인정하는 지역

5. 소방용수시설과 비상소화장치 설치기준은 행정안전부령으로 정함

시행규칙 제6조(소방용수시설 및 비상소화장치의 설치기준) ① 특별시장·광역시장·특별자치시장·도지사 또는 특별자치도지사(이하 "시·도지사"라 한다)는 법 제10조 제1항의 규정에 의하여 설치된 소방용수시설에 대하여 별표 2의 소방용수표지를 보기 쉬운 곳에 설치하여야 한다.

② 법 제10조 제1항에 따른 소방용수시설의 설치기준은 별표 3과 같다.

③ 법 제10조 제2항에 따른 비상소화장치의 설치기준은 다음 각 호와 같다.

1. 비상소화장치는 비상소화장치함, 소화전, 소방호스(소화전의 방수구에 연결하여 소화용수를 방수하기 위한 도관으로서 호스와 연결금속구로 구성되어 있는 소방용릴호스 또는 소방용고무내장호스를 말한다), 관창(소방호스용 연결금속구 또는 중간연결금속구 등의 끝에 연결하여 소화용수를 방수하기 위한 나사식 또는 차입식 토출기구를 말한다)을 포함하여 구성할 것

2. 소방호스 및 관창은 「소방시설 설치 및 관리에 관한 법률」 제37조 제5항에 따라 소방청장이 정하여 고시하는 형식승인 및 제품검사의 기술기준에 적합한 것으로 설치할 것

3. 비상소화장치함은 「소방시설 설치 및 관리에 관한 법률」 제40조 제4항에 따라 소방청장이 정하여 고시하는 성능인증 및 제품검사의 기술기준에 적합한 것으로 설치할 것

④ 제3항에서 규정한 사항 외에 비상소화장치의 설치기준에 관한 세부 사항은 소방청장이 정한다.

 찐 tip
- 법률 ⇨ 대통령령으로 위임한 것 ⇨ 시행령
- 법률 ⇨ 행정안전부령으로 위임한 것 ⇨ 시행규칙

소방용수표지

- 지하 소화전 또는 저수조의 소방용수표지
  - 맨홀 뚜껑은 지름 648mm 이상
  - 맨홀 뚜껑 부근에 폭 15cm 노란색 반사도료 선
  - 맨홀 뚜껑에 '소화전·주정차금지' 또는 '저수조·주정차금지' 표시
- 지상 소화전, 저수조 및 급수탑의 소방용수표지
  - 안쪽 문자: 흰색
  - 바깥쪽 문자: 노란색
  - 안쪽 바탕: 붉은색
  - 바깥쪽 바탕: 파란색

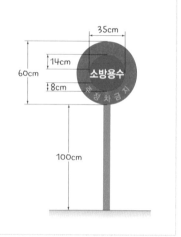

소방용수시설 설치기준
19 · 21. 공채

소방용수시설의 설치기준
 └→ vs 소화용수설비(관계인)

- 주거지역 · 상업지역 및 공업지역: 수평거리 100m 이하
- 기타지역: 수평거리 140m 이하   └→ 140m 이내에 공공 소방용 소화전(= 소방용수시설)이 있는 경우, 상수도 소화용수설비 면제
- 소화전: 연결금속구 구경 65mm
- 급수탑: 급수배관 구경 100mm 이상 / 개폐밸브 지상에서 1.5m 이상 1.7m 이하
- 저수조
  ┌ 지면으로부터의 낙차 4.5m 이하
  ├ 흡수부분 수심 0.5m 이상
  ├ 소방펌프자동차 쉽게 접근가능
  ├ 토사 및 쓰레기 등을 제거할 수 있는 설비
  ├ 흡수관 투입구 사각형의 경우 한 변의 길이 60cm 이상, 원형의 경우 지름 60cm 이상
  └ 자동으로 급수되는 구조

소방용수 및 지리조사
23. 경채

1. 조사권자: 소방본부장, 소방서장

2. 조사시기: 월 1회 이상

3. 조사내용: 소방대상물에 인접한 도로의 폭 및 교통 상황, 도로 주변의 토지의 고저, 건축물의 개황

 찐 tip
- 소방안전관리자 실무교육 30일 전까지, 교육 20일 전까지
- 대부분 연 1회 이상 → 예외: 소방용수 및 지리조사 월 1회 이상
- 반기별 1회 이상: 특급소방안전관리 대상물의 종합점검
- 12년: 완공검사 필증을 받은 후 정기검사 이후 11년마다(구조정기점검도 동일)

소방업무의 응원
21. 경채

1. 소방본부장이나 소방서장은 긴급한 경우에 이웃한 소방본부장 또는 소방서장에게 소방업무의 응원 요청 가능

2. 지휘권자: 응원을 요청한 소방본부장 또는 소방서장

3. 비용부담자: 응원을 요청한 시 · 도지사

4. 필요사항은 행정안전부령으로 정하는 바에 따라 이웃하는 시 · 도지사와 협의하여 미리 규약으로 정함

5. 상호응원협정

　　┌ 소방활동에 관한 사항: 화재의 경계·진압활동, 구조·구급업무의 지원, 화재조사활동

　　├ 응원출동대상지역 및 규모

　　├ 출동대원의 수당·식사 및 피복의 수선

　　├ 소방장비 및 기구의 정비와 연료의 보급

　　└ 응원출동 요청방법·훈련·평가

소방력의 동원

20. 경채

1. 소방청장은 각 시·도지사에게 행정안전부령으로 정하는 바에 따라 소방력 동원 요청 가능

　　┌ 해당 시·도의 소방력만으로 소방활동을 효율적으로 수행하기 어려운 화재, 재난·재해, 그 밖의 구조·구급이 필요한 상황

　　└ 특별히 국가적 차원에서 소방활동을 수행할 필요가 인정될 때

2. 지휘권자: 화재, 재난·재해 등이 발생한 지역을 관할하는 소방본부장 또는 소방서장

3. 소방청장은 필요한 경우 직접 소방대 편성 가능
　　└▶ 지휘권: 소방청장

4. 비용부담자: 필요한 상황이 발생한 특별시·광역시·도 또는 특별자치도(시·도)에서 부담
　　　└▶ 구체적인 내용은 시·도가 협의

5. 필요사항은 대통령령으로 정함 ➔ 보상기준: 대통령령, 보상주체: 시·도지사 및 시·도 조례

　　┌ 소방활동을 수행하는 과정에서 발생하는 경비 부담에 관한 사항

　　├ 소방활동을 수행한 민간 소방 인력이 사망하거나 부상을 입었을 경우 보상주체·보상기준 등에 관한 사항 ➔ vs 소방공무원의 경우는 협의 사항

　　└ 동원된 소방력의 운용과 관련하여 필요한 사항

◎ 중요 기출지문 모음 zip

1. 국고보조에 따른 소방활동장비 및 설비의 종류와 규격은 행정안전부령으로 정한다.

2. 시·도지사는 소방활동에 필요한 소화전·급수탑·저수조를 설치하고 유지·관리하여야 한다. 다만, 「수도법」 제45조에 따라 소화전을 설치하는 일반수도사업자는 관할 소방서장과 사전협의를 거친 후 소화전을 설치하여야 하며, 설치 사실을 관할 소방서장에게 통지하고, 그 소화전을 유지·관리하여야 한다.

3. 주거지역·상업지역 및 공업지역에 설치하는 경우에는 소방대상물과의 수평거리를 100m 이하가 되도록 하여야 하며 그 밖의 지역에는 소방대상물과의 수평거리를 140m 이하가 되도록 하여야 한다.

4. 소화전은 상수도와 연결하여 지하식 또는 지상식의 구조로 하고, 소방용호스와 연결하는 소화전의 연결금속구의 구경은 65mm로 하여야 한다.

03 소방활동 등

소방활동

1. 소방청장, 소방본부장 또는 소방서장은 화재, 재난·재해, 그 밖의 위급한 상황 발생 시 소방대를 현장에 신속하게 출동시켜 화재진압과 인명 구조·구급 활동 실시

2. 소방대의 소방활동 방해 시 5년 이하 징역 또는 5천만원 이하 벌금

소방지원활동
20. 경채

1. 소방청장, 소방본부장 또는 소방서장은 공공의 안녕, 질서 유지 또는 복리증진을 위해 필요시 소방 지원활동 가능
   - 산불 예방·진압
   - 자연재해에 따른 급수·배수·제설
   - 화재, 재난·재해 피해복구
   - 집회·공연 등 행사 근접대기

2. 그 밖에 행정안전부령으로 정하는 활동
   - 방송촬영
   - 군, 경찰 훈련지원 활동
   - 소방시설 오작동 신고

3. 소방지원활동 비용: 지원요청을 한 기관, 단체 등에게 부담하게 할 수 있음

4. 방해금지 조항 X, 구조·구급 활동
   ↳ 벌칙조항 ×, 소방활동은 방해금지 조항 있음

생활안전활동
20. 공채, 22. 경채

1. 생활안전 및 위험 제거활동
   - 붕괴, 낙하 등이 우려되는 고드름, 나무, 위험 구조물 등의 제거
   - 위해동물, 벌 등의 포획 및 퇴치
   - 끼임, 고립 등에 따른 위험제거 및 구출
   - 단전사고 시 비상전원 또는 조명 공급

2. 생활안전활동 방해금지 → 100만원 이하의 벌금

3. 손실보상은 소방청장 및 시·도지사가 정함
   ↳ 소방청장, 소방본부장, 소방서장은 소방활동, 소방지원활동, 생활안전활동으로 인한 소송수행에 필요한 지원 가능

소방자동차의 보험가입	시·도지사는 소방자동차의 공무상 운행 중 교통사고가 발생한 경우 그 운전자의 법률상 분쟁에 소요되는 비용을 지원할 수 있는 보험에 가입

**소방활동에
대한 면책**

1. 면책사유: 소방활동으로 인하여 타인을 사상(死傷)에 이르게 한 경우 그 소방활동이 불가피하고
   소방공무원에게 고의 또는 중대한 과실이 없는 때

2. 면책: 사상에 대한 형사책임을 감경·면제

소송지원

1. 지원사유: 소방공무원이 소방활동, 소방지원활동, 생활안전활동으로 인하여 민·형사상 책임과
   관련된 소송을 수행할 경우

2. 지원: 변호인 선임 등 소송수행에 필요한 지원

3. 지원자: 소방청장, 소방본부장, 소방서장

소방교육·훈련

`22. 경채`

┌───┐
│ **소방대원에게 실시할 교육·훈련의 종류 등**   │
│   └▸ 소방청장, 소방본부장, 소방서장이 행정안전부령 기준으로 정함(소방청장이 계획수립) │
│ 소방대원: 2년마다 1회, 2주 이상 실시(의무)   │
│ ┌ 화재진압훈련: 화재진압업무 담당 소방공무원 + 의무소방원 + 의용소방대원   │
│ ├ 인명구조훈련: 구조업무 담당 소방공무원 + 의무소방원 + 의용소방대원   │
│ ├ 응급처치훈련: 구급업무 담당 소방공무원 + 의무소방원 + 의용소방대원   │
│ ├ 인명대피훈련: 소방공무원 + 의무소방원 + 의용소방대원   │
│ └ 현장지휘훈련: 소방위·소방경·소방령·소방정   │
│   └▸ 테러대응 포함 ✕   │
└───┘

┌───┐
│ **소방안전교육훈련의 시설, 장비, 강사자격 및 교육방법 등의 기준**   │
│ • 소방안전교육 강사   │
│   ┌ 소방 관련 학과 석사 이상   │
│   ├ 자격증: 소방안전교육사, 소방시설관리사, 소방기술사, 소방설비기사   │
│   │ └▸ 산업기사 ✕   │
│   ├ 소방활동 관련 자격증: 응급구조사, 인명구조사, 화재대응능력 등   │
│   └ 소방공무원 근무경력 5년 이상   │
│ • 소방안전교육 보조강사   │
│   ┌ 소방안전교육 강사의 자격을 갖춘 사람   │
│   ├ 소방공무원 근무경력 3년 이상인 사람   │
│   └ 그 밖의 보조강사 능력이 있다고 소방청장, 소방본부장 또는 소방서장이 인정하는 사람 │
└───┘

1. 소방청장이 실시하는 시험에 합격한 사람에게 자격 부여

2. 업무: 소방안전교육의 기획·진행·분석·평가 및 교수업무
   ↳ 홍보 포함 ✕

3. 필요사항은 대통령령으로 정함

4. 시험

   ┌ 제1차시험: 소방학개론, 재난관리론, 구급·응급처치론, 교육학개론 중 3과목 선택
   │   ↳ 교육학원론, 심리학 포함 ✕
   ├ 제2차시험: 국민안전교육 실무
   ├ 2년마다 1회 시행
   │   ↳ 소방청장이 인정하면 횟수 추가 가능
   └ 소방청장은 시험 시행일 90일 전까지 공고

5. 시험위원

자격	• 소방 관련 학과, 교육학과 또는 응급구조학과 박사학위 취득자, 조교수 이상으로 2년 이상 재직한 자 • 소방위 이상의 소방공무원 • 소방안전교육사 자격을 취득한 자
수	• 응시자격심사위원: 3명 • 출제위원: 시험과목별 3명 • 채점위원: 5명

6. 합격자 결정

   ┌ 제1차시험: 매과목 40점 이상, 전과목 평균 60점 이상
   ├ 제2차시험: 최고점수와 최저점수를 제외한 점수의 평균 60점 이상
   └ 시험합격자 공고일부터 1개월 이내에 소방안전교육사증 발급

소방안전교육사 시험 응시자격

19. 공채

소방안전교육사시험의 응시자격

- 소방공무원으로 3년 이상 근무 또는 2주 이상의 소방안전교육사 관련 전문교육을 이수한 사람
- 교원, 어린이집 원장, 보육교사(3년 이상 경력) 자격을 취득한 사람
- 소방안전교육 관련 교과목 총 6학점 이상을 이수한 사람
- 기술사, 소방시설관리사 자격을 취득한 사람
- 기사 자격 취득 후 1년 이상, 산업기사 자격 취득 후 3년 이상 종사한 사람
- 간호사 면허 취득 후 간호업무 분야에 1년 이상 종사한 사람
- 응급구조사: 1급 취득 후 1년 이상, 2급 취득 후 3년 이상 종사한 사람
- 소방안전관리자: 특급 및 1급 취득 후 1년 이상, 2급 취득 후 3년 이상 실무 경력이 있는 사람
  ↳ 3급 포함 ✕
- 의용소방대 활동 5년 이상 경력이 있는 사람

소방안전교육사의 결격사유

1. 피성년후견인
2. 금고 이상의 실형을 선고받고 집행 종료 또는 면제된 날부터 2년이 지나지 않은 사람
3. 금고 이상의 형의 집행유예 선고를 받고 유예기간 중에 있는 사람
4. 법원의 판결 또는 다른 법률에 따라 자격 정지 또는 상실된 사람

소방안전교육사 부정행위자에 대한 조치

1. 소방청장은 부정행위를 한 사람에 대하여 해당 시험 정지 또는 무효 처리
2. 부정행위자는 처분이 있은 날부터 2년간 응시 불가능

소방안전교육사의 배치

↳ 의무 ✕, 한국화재협회 포함 ✕

19. 경채

소방안전교육사의 배치대상별 배치기준

배치대상	배치기준(단위: 명)
소방청	2 이상
소방본부	2 이상
소방서	1 이상
한국소방안전원	본회: 2 이상 시·도지부: 1 이상
한국소방산업기술원	2 이상

한국119 청소년단

1. 설립 목적: 청소년에게 소방안전에 관한 올바른 이해와 안전의식을 함양시키기 위함

2. 지원 및 경비보조: 국가, 지방자치단체

3. 기부: 개인·법인 또는 단체

4. 사업의 범위·지도·감독 및 지원에 필요한 사항은 행정안전부령으로 정함

5. 규정준용: 「민법」 중 사단법인에 관한 규정

소방신호

└▸ 행정안전부령으로
    정함

1. 목적: 화재예방, 소방활동, 소방훈련

2. 종류 및 방법 → 대응신호, 복구신호, 대비신호 포함 ✕

구분	타종신호	사이렌 신호(발령시간, 간격, 횟수)
경계신호(화재예방상 필요시, 화재위험 시) ⟨예⟩ 이상기상의 예보나 특보가 있을 때 화재위험을 알리는 신호	1타와 연 2타 반복	(30초, 5초) × 3회
발화신호(화재 발생)	난타	(5초, 5초) × 3회
해제신호(소화활동 종료) └▸ 소방활동 ✕	상당한 간격을 두고 1타씩 반복	1분간 1회
훈련신호(비상소집)	연 3타 반복	(1분, 10초) × 3회

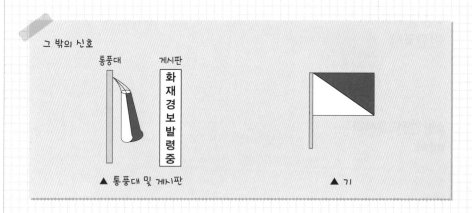

그 밖의 신호

통풍대 게시판

화재경보발령중

▲ 통풍대 및 게시판

▲ 기

화재 등의 통지
↳ 화재오인우려행위

1. 화재 현장 또는 구조·구급이 필요한 사고 현장 발견자는 지체 없이 소방본부, 소방서 또는 관계 행정기관에 통지

2. 화재로 오인할 만한 우려가 있는 불을 피우거나 연막소독을 하려는 자는 시·도 조례에 따라 관할 소방본부장 또는 소방서장에게 신고
   - 시장
   - 공장·창고 밀집
   - 목조건물 밀집
   - 위험물 저장 및 처리시설 밀집
   - 석유화학제품 생산 공장
   - 시·도 조례로 정하는 지역 또는 장소 [예] 서울 전체, 인천 전체
   - 상가, 아파트, 산업단지, 소방용수가 없는 지역은 포함 ×
     ↳ 화재예방강화지구에 있음

3. 벌칙
   - 화재요인 미신고: 과태료 20만원 이하
     ↳ 신고하지 않아서 소방차 출동
   - 시·도조례: 소방본부장 또는 소방서장

4. 부과징수권자
   - 소방본부장, 소방서장: 기본법의 과태료(시·도 조례)
   - 소방본부장, 소방서장, 시·도지사: 기본법, 위험물법, 공사업법의 과태료(대통령령)
   - 소방본부장, 소방서장, 시·도지사, 소방청장: 예방법, 소방시설법의 과태료(대통령령)

관계인의 소방활동
↳ 소방대가 현장에 도착할 때까지

1. 인명구조, 소화, 화재 확대 방지
   ↳ 소방활동구역 설정 포함 ×

2. 벌칙: 벌금 100만원 이하

소방자동차의 우선 통행
`20. 경채`

1. 모든 차와 사람은 소방자동차의 출동을 방해해서는 안 됨
   ↳ 「도로교통법」으로 정함

2. 출동 또는 훈련을 위해 사이렌 사용 가능, 소방서로 돌아올 때에는 사이렌 사용 금지

소방자동차의 전용구역

19 · 21 · 23. 경채, 22 공채

1. 설치 대상: 아파트 중 세대수 100세대 이상, 기숙사 중 3층 이상

2. 공동주택의 각 동별 전면 또는 후면에 1개소 이상 설치, 하나의 전용구역에서 여러 동에 접근이 가능한 경우로서 소방청장이 정하는 경우에는 각 동별로 설치하지 않을 수 있음

전용구역의 설치 방법

- 전용구역 노면표지 도료: 황색
- 문자(P, 소방차 전용): 백색
- 빗금 두께 30cm , 간격 50cm

---

3. 방해행위

┌─ 앞면, 뒷면, 양측면(물건 쌓음, 주차), 단, 부설 주차장 제외

├─ 전용구역 진입로(물건 쌓음, 주차)

└─ 노면표지(지움, 훼손)

소방자동차 교통 안전 분석 시스템 구축·운영

1. 운행기록장치 장착 운용: 소방청장, 소방본부장

2. 소방자동차 교통안전 분석 시스템 구축·운영: 소방청장

소방대의 긴급통행

소방대는 긴급한 때 일반적인 통행에 쓰이지 않는 도로 · 빈터 또는 물 위로 통행 가능

소방활동구역의 설정

19. 경채

1. 소방대장: 소방활동구역 지정, 대통령령으로 정하는 사람 외에 대해 출입 제한 가능

2. 출입가능자

    ┌ 소방활동구역 내 소방대상물 관계인

    ├ 전기·가스·수도·통신·교통 종사자 → 기계 포함 ✕

    ├ 의사·간호사 및 구조·구급업무 종사자

    ├ 보도업무, 수사업무 종사자

    └ 소방대장이 출입을 허가한 사람

3. 벌칙: 과태료 200만원 이하

소방활동 종사명령

    ↳ 시·도지사로부터 소방활동의 비용을 지급 받을 수 있음

21. 공채·경채

1. 명령권자: 소방본부장, 소방서장, 소방대장

2. 비용 지급자: 시·도지사

3. 비용지급 제외

    ┌ 관계인

    ├ 고의·과실로 화재 또는 구조·구급활동을 발생시킨 자

    └ 현장에서 물건을 가져간 자

강제처분

19. 공채, 20·22. 경채

1. 사람을 구출하거나 불이 번지는 것을 막기 위해 불이 번질 우려가 있는 소방대상물 및 토지의 사용 제한 또는 소방활동에 필요한 처분 가능

2. 처분권자: 소방대장, 소방본부장, 소방서장

3. 손실보상: 시·도지사·소방청장

4. 처분 대상

    ┌ 소방활동구역 내 소방대상물, 토지

    └ 출동 중의 소방대상물, 토지, 주·정차 차량

피난명령	1. 명령권자: 소방본부장, 소방서장, 소방대장 2. 협조자: 경찰서장, 자치경찰단장 3. 벌칙: 벌금 100만원 이하
위험시설 등에 대한 긴급조치	1. 조치권자: 소방본부장, 소방서장, 소방대장 2. 소방용수 외에 댐·저수지 또는 수영장 등의 물을 사용하거나 수도의 개폐장치 등 조작 가능 → 필요한 때에는 소방용수 외에 댐 저수지 등의 수위 조절용의 개폐장치를 조작할 수 있다 (×) 3. 손실보상: 시·도지사·소방청장
방해행위의 제지	1. 대상: 소방활동, 생활안전활동 2. 절차: 1차 경고, 2차 행위 제지
소방용수시설 또는 비상소화장치의 사용금지	1. 정당한 사유 없이 소방용수시설 또는 비상소화장치 사용 금지 2. 정당한 사유 없이 손상·파괴, 철거 또는 그 밖의 방법으로 소방용수시설 또는 비상소화장치의 효용을 해치는 행위 금지 3. 소방용수시설 또는 비상소화장치의 정당한 사용 방해 금지 4. 벌칙: 5년 이하 또는 벌금 5천만원 이하

🎯 중요 기출지문 모음 zip

1. 단전사고 시 비상전원 또는 조명의 공급은 생활안전활동에 해당한다.

2. 화재, 재난·재해, 그 밖의 위급한 상황이 발생하였을 때 소방대를 현장에 신속하게 출동시켜 화재진압과 인명구조·구급 등 소방에 필요한 활동은 소방활동에 해당한다.

3. 공동주택의 건축주는 소방자동차가 접근하기 쉽고 소방활동이 원활하게 수행될 수 있도록 각 동별 전면 또는 후면에 소방자동차 전용구역을 1개소 이상 설치해야 한다. 다만, 하나의 전용구역에서 여러 동에 접근하여 소방활동이 가능한 경우로서 소방청장이 정하는 경우에는 각 동별로 설치하지 않을 수 있다.

4. 소방활동에 종사한 사람은 시·도지사로부터 소방활동의 비용을 지급받을 수 있다.

04 소방산업의 육성·진흥 및 지원 등

**소방산업의
육성·진흥 및
지원**

↳ ≠ 소방기술 지원

1. 육성·진흥에 관한 지원: 국가
   - 우수소방제품 전시·홍보를 위한 재정적인 지원
   - 소방기술 연구·개발 사업 수행 지원
   - 소방산업의 육성·진흥을 위하여 필요한 계획 수립 등 행정상·재정상의 지원시책 마련

2. 국제화 사업 추진: 소방청장 → 국제화 사업 촉진 시책 마련: 국가
   - 국제 협력을 위한 조사·연구
   - 국제 전시회, 국제 학술회의 개최 등 국제 교류
   - 국외시장 개척
   - 그 밖에 소방기술 및 소방산업의 국제경쟁력과 국제적 통용성을 높이기 위하여 필요한 사업

◎ 중요 기출지문 모음 zip

1. 국가는 소방산업의 육성·진흥을 위하여 필요한 계획의 수립 등 행정상·재정상의 지원시책을 마련하여야 한다.

2. 국가는 소방기술 및 소방산업의 국제경쟁력과 국제적 통용성을 높이는 데에 필요한 기반 조성을 촉진하기 위한 시책을 마련하여야 한다.

3. 소방청장은 소방기술 및 소방산업의 국제경쟁력과 국제적 통용성을 높이기 위하여 사업을 추진하여야 한다.

한국소방안전원의 설립

1. 소방청장의 인가를 받아 설립

2. 법에 규정된 것을 제외하고는 「민법」 중 재단법인에 관한 규정 준용

교육평가 심의위원회

1. 설치자: 안전원장

2. 구성: 위원장 1명 포함 9명 이하의 위원

3. 위원장: 위원 중 호선

4. 위원자격
   - 소방안전교육 업무 담당 소방공무원 중 소방청장이 추천하는 사람
   - 소방안전교육 전문가
   - 소방안전교육 수료자
   - 소방안전에 관한 학식과 경험이 풍부한 사람

안전원의 업무
21. 공채, 22. 경채

1. 행정기관이 위탁하는 업무   예 소방청장의 교육위탁

2. 교육·조사·연구

3. 대국민 홍보 및 간행물 발간

4. 국제협력

5. 회원에 대한 기술지원 등 정관으로 정하는 사항

회원의 관리

1. 소방안전관리자, 소방기술자 또는 위험물안전관리자로 선임되거나 채용된 사람

2. 「소방시설 설치 및 관리에 관한 법률」, 「소방시설공사업법」 또는 「위험물안전관리법」에 따라 등록 또는 허가를 받은 사람

3. 소방 분야에 관심 있거나 학식과 경험이 풍부한 사람

안전원의 정관

1. 기재사항

　├ 회원과 임원 및 직원에 관한 사항

　├ 사무소 소재지

　├ 목적

　├ 명칭

　├ 사업에 관한 사항

　├ 재정 및 회계에 관한 사항

　├ 이사회에 관한 사항

　└ 정관 변경에 관한 사항 → 대표자 포함 ✕

2. 변경: 소방청장의 인가 필요

 찐 tip
　• 정관변경: 인가
　• 사업계획, 예산: 승인

안전원의 운영 경비

1. 업무 수행에 따른 수입금

2. 회원의 회비

3. 자산운영수익금

4. 그 밖의 부대수입

시행령 제9조(교육평가심의위원회의 구성·운영) ① 안전원의 장(이하 "안전원장"이라 한다)은 법 제40조의2 제3항에 따라 다음 각 호의 사항을 심의하기 위하여 교육평가심의위원회(이하 "평가위원회"라 한다)를 둔다.
1. 교육평가 및 운영에 관한 사항
2. 교육결과 분석 및 개선에 관한 사항
3. 다음 연도의 교육계획에 관한 사항
② 평가위원회는 위원장 1명을 포함하여 9명 이하의 위원으로 성별을 고려하여 구성한다.
③ 평가위원회의 위원장은 위원 중에서 호선(互選)한다.
④ 평가위원회의 위원은 다음 각 호의 어느 하나에 해당하는 사람 중에서 안전원장이 임명 또는 위촉한다.
1. 소방안전교육 업무 담당 소방공무원 중 소방청장이 추천하는 사람
2. 소방안전교육 전문가
3. 소방안전교육 수료자
4. 소방안전에 관한 학식과 경험이 풍부한 사람
⑤ 평가위원회에 참석한 위원에게는 예산의 범위에서 수당을 지급할 수 있다. 다만, 공무원인 위원이 소관 업무와 직접 관련되어 참석하는 경우에는 수당을 지급하지 아니한다.
⑥ 제1항부터 제5항까지에서 규정한 사항 외에 평가위원회의 운영 등에 필요한 사항은 안전원장이 정한다.

안전원의 임원	1. 임원: 원장 1명 포함 9명 이내의 이사, 감사 1명
	2. 임명: 원장 및 감사는 소방청장이 임명
유사명칭의 사용금지	안전원이 아닌 자는 한국소방안전원 또는 이와 유사한 명칭을 사용하지 못함

🎯 중요 기출지문 모음 zip

1. 교육평가심의위원회는 안전원장이 설치하고, 위원장 1명을 포함한 9명 이하의 위원으로 구성한다.

2. 안전원의 업무는 소방기술과 안전관리에 관한 교육 및 조사·연구, 간행물 발간, 대국민 홍보, 행정기관 위탁업무, 국제협력, 회원에 대한 기술지원, 정관으로 정하는 사항이다.

3. 안전원의 임원은 원장 1명 포함 9명 이내의 이사와 감사 1명이다.

4. 원장과 감사는 소방청장이 임명한다.

5. 소방장비의 품질 확보, 품질 인증 및 신기술·신제품에 관한 인증 업무는 안전원의 업무에 해당하지 않는다.

6. 한국소방안전원의 운영경비는 업무 수행에 따른 수입금, 회원의 회비, 자산운영수익금, 그 밖의 부대수입으로 한다.

감독

1. 감독자: 소방청장

2. 감독 업무

- 이사회 중요의결 사항
- 회원의 가입·탈퇴 및 회비에 관한 사항
- 사업계획 및 예산에 관한 사항
- 기구 및 조직에 관한 사항
- 소방청장이 위탁한 업무의 수행 또는 정관에서 정하고 있는 업무의 수행에 관한 사항

권한의 위임

소방청장은 권한의 일부를 대통령령으로 정하는 바에 따라 시·도지사, 소방본부장 또는 소방서장에게 위임 가능

손실보상
19. 공채·경채, 21. 경채

1. 소방청장 또는 시·도지사는 소방활동 종사로 인하여 사망하거나 부상을 입은 자에게 손실보상심의위원회의 심사·의결에 따라 정당한 보상

2. 손실보상을 청구할 수 있는 권리는 손실이 있음을 안 날로부터 3년, 손실이 발생한 날로부터 5년간 행사하지 않으면 시효의 완성으로 소멸

3. 소방청장등은 손실보상심의위원회의 심사·의결을 거쳐 특별한 사유가 없으면 보상금 지급 청구서를 받은 날부터 60일 이내에 보상금 지급 여부 및 보상금액 결정

4. 소방청장등은 결정일로부터 10일 이내에 행정안전부령으로 정하는 바에 따라 결정 내용을 청구인에게 통지하고, 보상금 지급을 결정한 경우에는 특별한 사유가 없으면 통지한 날부터 30일 이내에 보상금 지급

5. 필요사항은 대통령령으로 정함

손실보상
심의위원회
21. 경채

1. 설치자: 소방청장, 시·도지사

2. 구성: 위원장 1명 포함 5명 이상 구명 이하의 위원

3. 임기: 2년
   ↳ 한 차례 연임

4. 위원자격: 손해사정사, 판사·검사·변호사, 소속 소방공무원, 법학·행정학,
   ↳ 5년 이상 근무   ↳ 부교수 이상으로 5년 이상 재직

   소방안전·의학 분야
   ↳ 학식과 경험 풍부

◎ 중요 기출지문 모음 zip

1. 손실보상을 청구할 수 있는 권리는 손실이 있음을 안 날부터 3년, 손실이 발생한 날부터 5년간 행사하지 아니하면 시효의 완성으로 소멸한다.

2. 소방청장등은 손실보상심의위원회의 심사·의결을 거쳐 특별한 사유가 없으면 보상금 지급 청구서를 받은 날부터 60일 이내에 보상금 지급 여부 및 보상금액을 결정하여야 한다.

3. 소방청장등은 보상 결정일부터 10일 이내에 행정안전부령으로 정하는 바에 따라 결정 내용을 청구인에게 통지하고, 보상금을 지급하기로 결정한 경우에는 특별한 사유가 없으면 통지한 날부터 30일 이내에 보상금을 지급하여야 한다.

07 벌칙

5년 이하 징역 또는 벌금 5천만원 이하

`23. 공채 · 경채`

1. 소방활동 위반
   - 소방대의 화재진압 · 인명구조 또는 구급활동 방해
   - 출동한 소방대원 폭행 또는 협박
   - 소방대의 소방장비 파손

2. 소방자동차의 우선 통행을 위반하여 출동 방해

3. 소방용수시설 또는 비상소화장치 사용금지 위반 및 사용 방해

3년 이하 징역 또는 벌금 3천만원 이하

화재현장에서의 강제처분 불이행 또는 방해

벌금 300만원 이하

소방출동 중의 강제처분 불이행 또는 방해

벌금 100만원 이하

`22. 경채`

1. 생활안전활동 방해
   └▶ 지원활동 ×

2. 관계인의 소방활동을 위반하여 정당한 사유 없이 소방대가 현장에 도착할 때까지 조치하지 아니함

3. 피난명령 위반

4. 댐 · 저수지 · 물의 사용이나 수도의 개폐장치 사용 또는 조작 방해

5. 긴급조치 방해

과태료

19. 경채

1. 500만원 이하: 화재 또는 구조·구급이 필요한 상황을 거짓으로 알림

2. 200만원 이하

- 한국119청소년단 또는 이와 유사한 명칭 사용

- 소방활동구역 출입 제한 위반

- 소방자동차의 출동에 지장을 준 자

- 한국소방안전원 또는 이와 유사한 명칭 사용

3. 100만원 이하: 소방자동차 전용구역에 주차 및 진입 가로막기 등의 방해 행위

4. 20만원 이하: 화재 오인 우려 행위에 따른 신고를 하지 아니하여 소방차 출동
   ↳ 시·도 조례에 따라 소방본부장 또는 소방서장이 부과·징수

🎯 중요 기출지문 모음 zip

1. 500만원 이하의 과태료 부과 대상은 화재 또는 구조·구급이 필요한 상황을 거짓으로 알린 사람이다.

2. 200만원 이하의 과태료 부과 대상은 한국119청소년단 또는 이와 유사한 명칭을 사용한 자, 소방자동차의 출동에 지장을 준 자, 소방활동구역 출입을 위반한 사람, 한국소방안전원 또는 이와 유사한 명칭을 사용한 자이다.

3. 100만원 이하의 과태료 부과 대상은 소방자동차 전용구역에 차를 주차하거나 전용구역에의 진입을 가로막는 등의 방해 행위를 한 자이다.

정의

23. 경채

1. 화재: 사람의 의도에 반하거나 고의 또는 과실에 의하여 발생하는 연소 현상으로서 소화할 필요가 있는 현상 또는 사람의 의도에 반하여 발생하거나 확대된 화학적 폭발현상

2. 화재조사: 소방청장, 소방본부장 또는 소방서장이 화재원인, 피해상황, 대응활동 등을 파악하기 위하여 자료의 수집, 관계인등에 대한 질문, 현장 확인, 감식, 감정 및 실험 등을 하는 일련의 행위

3. 화재조사관: 화재조사에 전문성을 인정받아 화재조사를 수행하는 소방공무원

4. 관계인등: 화재가 발생한 소방대상물의 소유자 · 관리자 또는 점유자 및 다음의 사람

- 화재 현장을 발견하고 신고한 사람
- 화재 현장을 목격한 사람
- 소화활동을 행하거나 인명구조활동(유도대피 포함)에 관계된 사람
- 화재를 발생시키거나 화재발생과 관계된 사람

국가 등의 책무

1. 국가와 지방자치단체는 화재조사에 필요한 기술의 연구 · 개발 및 화재조사의 정확도를 향상시키기 위한 시책을 강구하고 추진

2. 관계인등은 화재조사가 적절하게 이루어질 수 있도록 협력

🎯 중요 기출지문 모음 zip

1. 화재란 사람의 의도에 반하거나 고의 또는 과실에 의하여 발생하는 연소 현상으로서 소화할 필요가 있는 현상 또는 사람의 의도에 반하여 발생하거나 확대된 화학적 폭발현상이다.

2. 화재조사란 소방청장, 소방본부장 또는 소방서장이 화재원인, 피해상황, 대응활동 등을 파악하기 위하여 자료의 수집, 관계인등에 대한 질문, 현장 확인, 감식, 감정 및 실험 등을 하는 일련의 행위이다.

3. 화재조사관이란 화재조사에 전문성을 인정받아 화재조사를 수행하는 소방공무원을 말한다.

4. 사람의 의도에 반하여 발생하거나 확대된 물리적 폭발현상은 화재가 아니다.

화재조사의 실시

23. 경채

1. 실시권자: 소방관서장

2. 조사대상
   - 화재원인에 관한 사항
   - 화재로 인한 인명·재산피해상황
   - 대응활동에 관한 사항
   - 소방시설 등의 설치·관리 및 작동 여부에 관한 사항
   - 화재발생건축물과 구조물, 화재유형별 화재위험성 등에 관한 사항
   - 「소방기본법」에 따른 소방대상물에서 발생한 화재
   - 소방관서장이 화재조사가 필요하다고 인정하는 화재

3. 화재조사의 내용 및 절차
   - 현장출동 중 조사: 화재발생 접수, 출동 중 화재상황 파악 등
   - 화재현장 조사: 화재의 발화(發火)원인, 연소상황 및 피해상황 조사 등
   - 정밀조사: 감식·감정, 화재원인 판정 등
   - 화재조사 결과 보고

1. 설치·운영자: 소방관서장

2. 업무

    ─ 화재조사의 실시 및 조사결과 분석·관리

    ─ 화재조사 관련 기술개발과 화재조사관의 역량증진

    ─ 화재조사에 필요한 시설·장비의 관리·운영

    └ 화재조사에 관하여 필요한 업무

3. 전담부서의 구성·운영, 화재조사관의 구체적인 자격기준 및 교육훈련 등에 필요한 사항은 대통령령으로 정한다.

4. 구성·운영

    ┌ 소방관서장은 전담부서에 화재조사관을 2명 이상 배치

    └ 전담부서에는 화재조사를 위한 감식·감정 장비 등 행정안전부령으로 정하는 장비와 시설을 갖출 것

5. 화재조사관의 자격기준

    ┌ 소방청장이 실시하는 화재조사에 관한 시험에 합격한 소방공무원

    └ 「국가기술자격법」에 따른 국가기술자격의 직무분야 중 화재감식평가 분야의 기사 또는 산업기사 자격을 취득한 소방공무원

6. 화재조사에 관한 교육훈련

    ┌ 화재조사관 양성을 위한 전문교육

    ─ 화재조사관의 전문능력 향상을 위한 전문교육

    └ 전담부서에 배치된 화재조사관을 위한 의무 보수교육

전담부서에 갖추어야 할 장비와 시설

구분	기자재명 및 시설규모
발굴용구 (8종)	공구세트, 전동 드릴, 전동 그라인더(절삭·연마기), 전동 드라이버, 이동용 진공청소기, 휴대용 열풍기, 에어컴프레서(공기압축기), 전동 절단기
기록용 기기 (13종)	디지털카메라(DSLR)세트, 비디오카메라세트, TV, 적외선거리측정기, 디지털온도·습도측정시스템, 디지털풍향풍속기록계, 정밀저울, 버니어캘리퍼스(아들자가 달려 두께나 지름을 재는 기구), 웨어러블캠, 3D스캐너, 3D카메라(AR), 3D캐드시스템, 드론
감식기기 (16종)	절연저항계, 멀티테스터기, 클램프미터, 정전기측정장치, 누설전류계, 검전기, 복합가스측정기, 가스(유종)검지기, 확대경, 산업용실체현미경, 적외선열상카메라, 접지저항계, 휴대용디지털현미경, 디지털탄화심도계, 슈미트해머(콘크리트 반발 경도 측정기구), 내시경현미경
감정용 기기(21종)	가스크로마토그래피, 고속카메라세트, 화재시뮬레이션시스템, X선 촬영기, 금속현미경, 시편(試片)절단기, 시편성형기, 시편연마기, 접점저항계, 직류전압전류계, 교류전압전류계, 오실로스코프(변화가 심한 전기 현상의 파형을 눈으로 관찰하는 장치), 주사전자현미경, 인화점측정기, 발화점측정기, 미량용점측정기, 온도기록계, 폭발압력측정기세트, 전압조정기(직류, 교류), 적외선 분광광도계, 전기단락흔실험장치[1차 용융흔(鎔融痕), 2차 용융흔(鎔融痕), 3차 용융흔(鎔融痕) 측정 가능]
조명기기 (5종)	이동용 발전기, 이동용 조명기, 휴대용 랜턴, 헤드랜턴, 전원공급장치(500A 이상)
안전장비 (8종)	보호용 작업복, 보호용 장갑, 안전화, 안전모(무전송수신기 내장), 마스크(방진마스크, 방독마스크), 보안경, 안전고리, 화재조사 조끼
증거 수집 장비 (6종)	증거물수집기구세트(핀셋류, 가위류 등), 증거물보관세트(상자, 봉투, 밀폐용기, 증거수집용 캔 등), 증거물 표지세트(번호, 스티커, 삼각형 표지 등), 증거물 태그 세트(대, 중, 소), 증거물보관장치, 디지털증거물저장장치
화재조사 차량 (2종)	화재조사 전용차량, 화재조사 첨단 분석차량(비파괴 검사기, 산업용 실체현미경 등 탑재)
보조장비 (6종)	노트북컴퓨터, 전선 릴, 이동용 에어컴프레서, 접이식 사다리, 화재조사 전용 의복(활동복, 방한복), 화재조사용 가방
화재조사 분석실	화재조사 분석실의 구성장비를 유효하게 보존·사용할 수 있고, 환기시설 및 수도·배관시설이 있는 30m² 이상의 실(室)
화재조사 분석실 구성장비(10종)	증거물보관함, 시료보관함, 실험작업대, 바이스(가공물 고정을 위한 기구), 개수대, 초음파세척기, 실험용 기구류(비커, 피펫, 유리병 등), 건조기, 항온항습기, 오토 데시케이터(물질 건조, 흡습성 시료 보존을 위한 유리 보존기)

화재합동조사단의 구성·운영

1. 구성·운영: 소방관서장은 사상자가 많거나 사회적 이목을 끄는 화재 등 대통령령으로 정하는 대형화재 등이 발생한 경우 종합적이고 정밀한 화재조사를 위하여 유관기관 및 관계 전문가를 포함한 화재합동조사단을 구성·운영

2. 필요한 사항(대통령령)

3. 단원(소방관서장이 임명, 위촉)
   - 화재조사관
   - 화재조사 업무에 관한 경력이 3년 이상인 소방공무원
   - 「고등교육법」에 따른 학교 또는 이에 준하는 교육기관에서 관련 분야 조교수 이상의 직에 3년 이상 재직한 사람
   - 「국가기술자격법」에 따른 국가기술자격의 직무분야 중 안전관리 분야에서 산업기사 이상의 자격을 취득한 사람
   - 그 밖에 건축·안전 분야 또는 화재조사에 관한 학식과 경험이 풍부한 사람

4. 대통령령으로 정하는 대형화재
   - 사망자가 5명 이상 발생한 화재
   - 화재로 인한 사회적·경제적 영향이 광범위하다고 소방관서장이 인정하는 화재

화재현장 보존 등

1. 보존조치 및 통제구역 설정자: 소방관서장. 단, 방화(放火) 또는 실화(失火)의 혐의로 수사의 대상인 경우 관할경찰서장 또는 해양경찰서장

2. 화재현장 보존조치 통지 및 표지: 소방관서장이나 경찰서장은 화재가 발생한 소방대상물의 관계인에게 알리고 표지를 설치

3. 표지 내용
   - 설정의 이유 및 주체
   - 설정의 범위
   - 설정의 기간

4. 화재현장 보존조치, 통제구역의 설정 해제
   - 화재조사가 완료된 경우
   - 화재현장 보존조치나 통제구역의 설정이 해당 화재조사와 관련이 없다고 인정되는 경우

출입·조사 등	1. 권한을 표시하는 증표를 지니고 이를 관계인등에게 보여주어야 한다.

출입·조사 등

1. 권한을 표시하는 증표를 지니고 이를 관계인등에게 보여주어야 한다.

2. 보고 또는 자료 제출을 명하거나, 화재조사관으로 하여금 해당 장소에 출입하여 화재조사를 하게 하거나 관계인등에게 질문

3. 관계인의 정당한 업무를 방해하거나 화재조사를 수행하면서 알게 된 비밀을 다른 용도로 사용하거나 다른 사람에게 누설금지

관계인등의 출석 등

1. 화재조사가 필요한 경우 관계인등을 소방관서에 출석하게 하여 질문

2. 절차

    ┌ 출석일 3일 전까지 관계인등에게 알림(일시와 장소, 요구 사유)

    └ 출석일시 변경(업무, 생활에 지장이 있을 때)

화재조사 증거물 수집 등

1. 증거물 수집: 소방관서장은 화재조사를 위하여 필요한 경우 증거물을 수집하여 검사·시험·분석. 단, 범죄수사와 관련된 증거물인 경우에는 수사기관의 장과 협의하여 수집

2. 증거물 조사: 소방관서장은 수사기관의 장이 방화 또는 실화의 혐의가 있어서 이미 피의자를 체포하였거나 증거물을 압수하였을 때에 화재조사를 위하여 필요한 경우에는 범죄수사에 지장을 주지 아니하는 범위에서 그 피의자 또는 압수된 증거물에 대한 조사

3. 필요사항(대통령령)

4. 증거물 반환

    ┌ 화재와 관련이 없다고 인정되는 경우

    └ 화재조사가 완료되는 등 증거물을 보관할 필요가 없게 된 경우

5. 증거물의 수집·관리

    ┌ 화재조사 증거물을 수집하는 경우 증거물의 수집과정을 사진 촬영 또는 영상 녹화의 방법으로 기록

    └ 사진 또는 영상 파일은 국가화재정보시스템에 전송하여 보관

소방공무원과 경찰공무원의 협력 등	1. 협력사항
	
	    — 화재현장의 출입 · 보존 및 통제에 관한 사항
	
	    — 화재조사에 필요한 증거물의 수집 및 보존에 관한 사항
	
	    — 관계인등에 대한 진술 확보에 관한 사항
	
	    — 그 밖에 화재조사에 필요한 사항
	
	2. 범죄수사에 협력: 소방관서장은 방화 또는 실화의 혐의가 있다고 인정되면 지체없이 경찰서장에게 그 사실을 알리고 필요한 증거를 수집 · 보존하는 등 그 범죄수사에 협력

관계 기관 등의 협조	1. 소방관서장, 중앙행정기관의 장, 지방자치단체의 장, 보험회사, 그 밖의 관련 기관 · 단체의 장은 화재조사에 필요한 사항에 대하여 서로 협력 2. 소방관서장은 화재원인 규명 및 피해액 산출 등을 위하여 필요한 경우에는 금융감독원, 관계 보험회사 등에 개인정보를 포함한 보험가입 정보 등을 요청

🎯 중요 기출지문 모음 zip

1. 화재조사전담부서에서 갖추어야 할 절연저항계, 내시경현미경, 휴대용디지털현미경은 감식용 기기이다.

2. 화재조사전담부서에서 갖추어야 할 금속현미경은 감정용 기기이다.

3. 소방공무원과 경찰공무원은 화재조사에 필요한 증거물의 수집 및 보존에 관한 사항에 대하여 서로 협력하여야 한다.

4. 소방청장, 소방본부장 또는 소방서장이 화재원인, 피해상황, 대응활동 등을 파악하기 위하여 자료의 수집, 감정 및 실험을 하는 행위는 화재조사에 해당된다.

03 화재조사 결과의 공표 등

화재조사 결과의 공표

1. 공표: 소방관서장은 국민이 유사한 화재로부터 피해를 입지 않도록 하기 위한 경우 등 필요한 경우 화재조사 결과를 공표. 단, 수사가 진행 중이거나 수사의 필요성이 인정되는 경우에는 관계 수사기관의 장과 공표 여부에 관하여 사전에 협의

2. 필요사항(행정안전부령)

3. 공표 대상
   - 국민이 유사한 화재로부터 피해를 입지 않도록 하기 위해 필요한 경우
   - 사회적 관심이 집중되어 국민의 알 권리 충족 등 공공의 이익을 위해 필요한 경우

4. 공표 시 포함사항
   - 화재원인
   - 인명·재산피해
   - 화재발생 건축물과 구조물
   - 화재예방을 위해 공표할 필요가 있다고 소방관서장이 인정하는 사항

5. 공표 방법
   - 소방관서의 인터넷 홈페이지
   - 신문
   - 방송

화재조사 결과의 통보

소방관서장은 화재조사 결과를 중앙행정기관의 장, 지방자치단체의 장, 그 밖의 관련 기관·단체의 장 또는 관계인 등에게 통보

화재증명원의 발급

1. 발급: 소방관서장은 화재와 관련된 이해관계인 또는 화재발생 내용 입증이 필요한 사람이 화재 증명원 발급을 신청하는 때

2. 필요사항: 화재증명원의 발급신청 절차 · 방법 · 서식 및 기재사항, 온라인 발급 등에 필요한 사항은 행정안전부령으로 정함

◎ 중요 기출지문 모음 zip

1. 소방관서장은 국민이 유사한 화재로부터 피해를 입지 않도록 하기 위한 경우 등 필요한 경우 화재조사 결과를 공표하여야 한다.

2. 화재조사 결과 공표의 대상은 국민이 유사한 화재로부터 피해를 입지 않도록 하기 위해 필요한 경우와 사회적 관심이 집중되어 국민의 알 권리 충족 등 공공의 이익을 위해 필요한 경우이다.

3. 화재증명원의 발급신청 절차 · 방법 · 서식 및 기재사항, 온라인 발급 등에 필요한 사항은 행정안전부령으로 정한다.

**감정기관의
지정·운영 등**

1. 감정기관 지정·운영자
   - 소방청장은 과학적이고 전문적인 화재조사를 위하여 대통령령으로 정하는 시설과 전문인력 등 지정기준을 갖춘 기관을 화재감정기관으로 지정·운영
   - 지원: 소방청장은 과학적 조사·분석 등에 소요되는 비용의 전부 또는 일부를 지원
   - 지정 취소
     - 거짓, 부정한 방법으로 지정(1차 취소)
     - 지정기준에 적합하지 않음
     - 고의 또는 중대한 과실로 감정 결과를 사실과 다르게 작성

2. 청문: 소방청장은 감정기관의 지정을 취소하려면 청문

3. 지정기준
   - 화재조사를 수행할 수 있는 시설을 모두 갖출 것
     - 안전하게 보호할 수 있는 설비를 갖춘 시설(증거물, 화재조사 장비 등)
     - 장기간 보존·보관할 수 있는 시설(증거물 등)
     - 수행하는 과정 등을 촬영하고 이를 디지털파일의 형태로 처리·보관할 수 있는 시설(증거물의 감식·감정)
   - 전문인력 각각 보유
     - 주된 기술인력: 2명 이상 보유
       - 「국가기술자격법」에 따른 국가기술자격의 직무분야 중 화재감식평가 분야의 기사 자격 취득 후 화재조사 관련 분야에서 5년 이상 근무한 사람
       - 화재조사관 자격 취득 후 화재조사 관련 분야에서 5년 이상 근무한 사람
       - 이공계 분야의 박사학위 취득 후 화재조사 관련 분야에서 2년 이상 근무한 사람
     - 보조 기술인력: 3명 이상 보유
       - 「국가기술자격법」에 따른 국가기술자격의 직무분야 중 화재감식평가 분야의 기사 또는 산업기사 자격을 취득한 사람
       - 화재조사관 자격을 취득한 사람
       - 소방청장이 인정하는 화재조사 관련 국제자격증 소지자
       - 이공계 분야의 석사 이상 학위 취득 후 화재조사 관련 분야에서 1년 이상 근무한 사람
   - 감식·감정, 증거물 수집 장비 등을 갖출 것

| **국가화재 정보시스템의 구축·운영** | 1. 구축·운영자: 소방청장은 화재조사 결과, 화재원인, 피해상황 등에 관한 화재정보를 종합적으로 수집·관리하여 화재예방과 소방활동에 활용할 수 있는 국가화재정보시스템을 구축·운영 |

국가화재 정보시스템의 구축·운영

1. 구축·운영자: 소방청장은 화재조사 결과, 화재원인, 피해상황 등에 관한 화재정보를 종합적으로 수집·관리하여 화재예방과 소방활동에 활용할 수 있는 국가화재정보시스템을 구축·운영

2. 수집 및 관리 사항
   - 화재원인
   - 화재피해
   - 대응활동
   - 소방시설 등(설치·관리 및 작동)
   - 화재발생건축물과 구조물, 화재위험성
   - 화재예방 관계 법령 등의 이행 및 위반
   - 관계인의 보험가입 정보 등
   - 화재예방과 소방활동에 활용 정보

3. 화재정보 기록·유지 및 보관: 소방관서장은 국가화재정보시스템을 활용하여 화재정보를 기록·유지 및 보관

연구개발 사업의 지원

1. 시책 수립: 소방청장은 화재조사 기법에 필요한 연구·실험·조사·기술개발 등을 지원하는 시책을 수립

2. 연구개발사업 추진: 소방청장은 연구개발사업을 효율적으로 추진하기 위하여 기관 또는 단체 등에게 연구개발사업을 수행하게 하거나 공동으로 수행
   - 국공립 연구기관
   - 특정연구기관
   - 과학기술분야 정부출연연구기관
   - 대학·산업대학·전문대학·기술대학
   - 「민법」이나 다른 법률에 따라 설립된 법인으로서 화재조사 관련 연구기관 또는 법인 부설 연구소
   - 기업부설연구소 또는 기업의 연구개발전담부서
   - 화재조사와 관련한 연구·조사·기술개발 등을 수행하는 기관 또는 단체

3. 경비: 소방청장은 기관 또는 단체 등에 대하여 연구개발사업을 실시하는 데 필요한 경비의 전부 또는 일부를 출연하거나 보조할 수 있다.

◎ 중요 기출지문 모음 zip

1. 소방청장은 과학적이고 전문적인 화재조사를 위하여 대통령령으로 정하는 시설과 전문인력 등 지정기준을 갖춘 기관을 화재감정기관으로 지정·운영할 수 있다.

2. 소방청장은 감정기관의 지정을 취소하려면 청문을 실시하여야한다.

3. 감정기관은 주된 기술인력을 2명 이상 보유하고, 보조 기술인력을 3명 이상을 보유하여야한다.

벌칙

300만원 이하의 벌금

- 허가 없이 화재현장에 있는 물건 등을 이동시키거나 변경 · 훼손한 사람
- 정당한 사유 없이 화재조사관의 출입 또는 조사를 거부 · 방해 또는 기피한 사람
- 관계인의 정당한 업무를 방해하거나 화재조사를 수행하면서 알게 된 비밀을 다른 용도로 사용하거나 다른 사람에게 누설한 사람
- 정당한 사유 없이 증거물 수집을 거부 · 방해 또는 기피한 사람

양벌규정

법인의 대표자나 법인 또는 개인의 대리인, 사용인, 그 밖의 종업원이 그 법인 또는 개인의 업무에 관하여 벌금에 해당하는 위반행위를 하면 그 행위자를 벌하는 외에 그 법인 또는 개인에게도 해당 조문의 벌금형을 과(科)함. 단, 법인 또는 개인이 그 위반행위를 방지하기 위하여 해당 업무에 관하여 상당한 주의와 감독을 게을리 하지 아니한 경우에는 그러하지 아니하다.

과태료

1. 200만원 이하 과태료

   ┌ 허가 없이 통제구역에 출입한 사람

   ├ 명령을 위반하여 보고 또는 자료 제출을 하지 아니하거나 거짓으로 보고 또는 자료를 제출한 사람

   └ 정당한 사유 없이 출석을 거부하거나 질문에 대하여 거짓으로 진술한 사람

2. 부과 · 징수: 과태료는 대통령령으로 정하는 바에 따라 소방관서장 또는 경찰서장이 부과 · 징수

3. 개별기준

위반행위	과태료 금액 (단위: 만원)		
	1회	2회	3회
허가 없이 통제구역에 출입한 경우	100	150	200
명령을 위반하여 보고 또는 자료 제출을 하지 않거나 거짓으로 보고 또는 자료 제출을 한 경우	100	150	200
정당한 사유 없이 출석을 거부하거나 질문에 대하여 거짓으로 진술한 경우	100	150	200

🎯 중요 기출지문 모음 zip

1. 허가 없이 화재현장에 있는 물건 등을 이동시키거나 변경 · 훼손한 사람은 300만원 이하의 벌금에 처한다.

2. 정당한 사유 없이 화재조사관의 출입 또는 조사를 거부 · 방해 또는 기피한 사람은 300만원 이하의 벌금에 처한다.

3. 정당한 사유 없이 증거물 수집을 거부 · 방해 또는 기피한 사람은 300만원 이하의 벌금에 처한다.

4. 명령을 위반하여 보고 또는 자료 제출을 하지 아니하거나 거짓으로 보고 또는 자료를 제출한 사람은 200만원 이하의 과태료를 부과한다.

5. 정당한 사유 없이 출석을 거부하거나 질문에 대하여 거짓으로 진술한 사람은 200만원 이하의 과태료를 부과한다.

01 총칙

목적

화재의 예방과 안전관리에 필요한 사항 규정
→ 화재로부터 국민의 생명·신체 및 재산을 보호하고 공공의 안전과 복리 증진에 이바지함

정의

1. 예방: 화재발생을 사전에 제거하거나 방지하기 위한 모든 활동

2. 안전관리: 화재로 인한 피해를 최소화하기 위한 예방, 대비, 대응 등의 활동

3. 화재안전조사: 소방관서장이 소방대상물, 관계지역 또는 관계인에 대하여 소방시설등이 소방 관계 법령에 적합하게 설치·관리되고 있는지, 소방대상물에 화재의 발생 위험이 있는지 등을 확인하기 위하여 실시하는 현장조사·문서열람·보고요구 등을 하는 활동

4. 소방관서장: 소방청장, 소방본부장, 소방서장

5. 화재예방강화지구: 시·도지사가 화재발생 우려가 크거나 화재가 발생할 경우 피해가 클 것으로 예상되는 지역에 대하여 화재의 예방 및 안전관리를 강화하기 위해 지정·관리하는 지역

6. 화재예방안전진단: 화재 시 피해 규모가 클 것으로 예상되는 소방대상물에 대하여 화재위험요인을 조사하고 그 위험성을 평가하여 개선대책을 수립하는 것

책무

1. 국가: 화재예방정책 수립 및 시행

2. 지방자치단체: 지역실정에 부합하는 화재예방정책 수립 및 시행

3. 관계인: 국가와 전지방자치단체의 화재예방정책에 적극적으로 협조

◎ 중요 기출지문 모음 zip

1. 예방이란 화재의 위험으로부터 사람의 생명·신체 및 재산을 보호하기 위하여 화재발생을 사전에 제거하거나 방지하기 위한 모든 활동을 말한다.

2. 안전관리란 화재로 인한 피해를 최소화하기 위한 예방, 대비, 대응 등의 활동을 말한다.

3. 화재예방강화지구란 시·도지사가 화재발생 우려가 크거나 화재가 발생할 경우 피해가 클 것으로 예상되는 지역에 대하여 화재의 예방 및 안전관리를 강화하기 위해 지정·관리하는 지역을 말한다.

화재예방정책

↳ 대통령령으로 정함

1. 기본계획

　　┌ 협의·수립권자: 소방청장(5년마다)

　　└ 시행·수립: 전년도 9월 30일까지

2. 시행계획

　　┌ 수립·시행권자: 소방청장(매년)

　　└ 시행 전년도 10월 31일까지

3. 세부 시행계획

　　┌ 수립·시행권자: 시·도지사, 중앙행정기관의 장(매년)

　　└ 시행 전년도 12월 31일까지

기본계획 수립 시 포함사항

1. 기본목표 및 추진방향

2. 기반 조성
　　↳ 법령·제도의 마련 등

3. 대국민 교육·홍보

4. 기술의 개발·보급

5. 전문인력의 육성·지원 및 관리

6. 관련산업의 국제경쟁력 향상

7. 대통령령으로 정하는 사항

실태조사

1. 목적: 기본계획 및 시행계획의 기초자료 확보

2. 조사자: 소방청장

3. 조사내용: 소방대상물의 현황
   ↳ 용도·규모, 화재의 예방 및 안전관리, 소방시설등 설치·관리

**통계 작성 및
관리**

1. 작성 및 관리자: 소방청장

2. 주기: 매년

🎯 중요 기출지문 모음 zip

1. 소방청장은 화재예방정책을 체계적·효율적으로 추진하고 기반을 확충하기 위하여 화재예방 및 안전관리에 관한 기본계획을 5년마다 수립·시행하여야 한다.

2. 소방청장은 기본계획을 시행하기 위하여 매년 시행계획을 수립·시행하여야 한다.

3. 기본계획은 대통령령으로 정하는 바에 따라 소방청장이 관계 중앙행정기관의 장과 협의하여 수립한다.

사전통지 → 공개 → 조사 ┌ 공개시간 ┌ 종합조사(항목 전체)
                            └ 근무시간 └ 부분조사(선택, 특정)

화재안전조사

↳ 대통령령으로 정함

19. 경채, 22. 공채 · 경채

1. 조사권자: 소방청장, 소방본부장, 소방서장

2. 대상
    - 관계인 자체점검 및 화재안전진단이 불성실 · 불완전하다고 인정되는 경우
    - 화재예방강화지구
    - 주요 행사가 개최되는 장소, 그 주변의 관계지역
    - 화재, 재난 · 재해의 발생 위험이 높다고 판단되는 경우
    - 화재, 그 밖의 긴급한 상황이 발생할 경우 인명 또는 재산 피해의 우려가 현저하다고 판단되는 경우

3. 금지사항: 정당한 업무 방해, 비밀누설
    ↳ 1년 이하의 징역 또는 1천만원 이하의 벌금

4. 사전공개: 7일간 공개, 예외: 긴급하게 조사가 필요할 때(화재, 재난 · 재해), 조사 실시를 사전에 통지하면 조사목적 달성이 어려운 경우
    ↳ vs 교육통보는 보통 10일 전, 연기신청은 3일 전

5. 조사시간: 근무시간, 공개시간
    ↳ 예외: 위의 긴급한 경우, 조사목적 달성이 어려운 경우

6. 조사결과: 관계인에게 서면으로 통지

화재안전조사의 전문가 참여

1. 소방관서장은 필요하면 소방기술사, 소방시설관리사, 그 밖에 화재안전 분야에 관한 전문지식을 갖춘 사람을 화재안전조사에 참여하게 할 수 있음

2. 제외: 위험물 자격증, 소방설비기사, 소방설비산업기사

화재안전조사 위원회

1. 구성 · 운영권자: 소방관서장

2. 구성: 위원장 1명 포함 7명 이내, 성별 고려하여 구성, ☆ 위원장 = 소방관서장

3. 위원: 과장급 이상 소방공무원, 소방기술사, 소방시설관리사, 소방 관련 분야 석사학위 이상, 소방 관련 업무에 5년 이상 종사한 사람, 소방 관련 교육 또는 연구를 5년 이상 한 사람

4. 임기 2년, 연임 한 차례 가능

화재안전조사단
`22. 경채`

1. 편성·운영권자

    ┌ 중앙화재안전조사단: 소방청장

    └ 지방화재안전조사단: 소방본부장, 소방서장

2. 구성: 단장 포함 50명 이내의 단원

3. 단원의 자격

    ┌ 소방공무원

    ├ 관련 단체, 연구기관 등의 임직원

    ├ 소방 관련 분야 등을 5년 이상 연구한 사람

    └ 소방관서장이 인정하는 사람

화재안전조사의 연기

1. 조사 3일 전까지 연기신청서를 소방관서장에게 제출하여 신청

    ┌ 재난이 발생하여 소방대상물을 관리·조사하기 어려운 경우

    ├ 관계인의 질병, 장기출장 등으로 화재안전조사에 참여할 수 없는 경우

    ├ 화재안전조사에 필요한 장부·서류 등이 압수되거나 영치되어 있는 경우

    └ 감염병이 발생하여 관리·조사하기 어려운 경우

2. 화재안전조사의 연기를 승인한 경우라도 연기기간이 끝나기 전에 연기사유가 없어졌거나 긴급한 상황이라면 관계인에게 통보하고 화재안전조사 가능

화재안전조사의 손실보상
`19 · 23. 경채`

1. 소방본부장 또는 소방서장의 조치명령: 시·도지사가 손실보상

2. 소방청장의 조치명령: 소방청장이 손실보상

◎ 중요 기출지문 모음 zip

1. 화재안전조사의 연기를 신청하려는 자는 화재안전조사 시작 3일 전까지 소방관서장에게 연기신청을 할 수 있다.

2. 화재안전조사위원회는 위원장 1명을 포함한 7명 이내의 위원으로 성별을 고려하여 구성한다.

3. 중앙화재안전조사단은 단장을 포함하여 50명 이내의 단원으로 성별을 고려하여 구성한다.

4. 소방관서장은 화재안전조사의 대상을 객관적이고 공정하게 선정하기 위하여 필요한 경우 화재안전조사위원회를 구성하여 화재안전조사의 대상을 선정할 수 있다.

┌→ 즉시명령
화재의
예방조치 등
└→ ≠ 소화기 설치
　　명령
`21. 공채`

1. 조치권자: 소방관서장

2. 화재예방강화지구 및 준하는 장소의 행위 금지

```
    ┌ 모닥불, 흡연 등 화기의 취급
    │                                    ┐
    ├ 풍등 등 소형열기구 날리기            ├→ 행위 금지
    │                                    │
    ├ 용접·용단 등 불꽃을 발생시키는 행위  ┘
    │
    ├ 위험물제조소등이 있는 장소
    │                                    ┐
    ├ 고압가스 저장소가 있는 장소          │
    │                                    │
    ├ 액화석유가스의 제조소·저장소·판매소가 있는 장소  ├→ 준하는 장소
    │                                    │
    ├ 수소연료공급시설 및 수소연료사용시설이 있는 장소 │
    │                                    │
    └ 화약류를 저장하는 장소               ┘
```

3. 관계인을 알 수 없는 경우

대상	• 목재, 플라스틱 등 가연성이 큰 물건의 제거, 이격, 적재 금지 등 • 소방차량의 통행이나 소화 활동에 지장을 줄 수 있는 물건의 이동
절차	14일간 공고 → 공고 종료 다음 날부터 구일간 보관 → 폐기, 매각 → 세입조치 (소유자 보상요구 시 협의 보상)

보일러 등의 위치·구조 및 관리와 화재예방을 위하여 불의 사용에 있어서 지켜야 하는 사항
(소화기 1개 이상 배치. 단, 음식조리 제외)

• 보일러

구분	설치기준
고체연료	• 보일러와 수평거리 2m 이상 이격하여 보관 • 연통은 보일러보다 2m 이상 높게 설치 • 재질 불연재료, 연결부에 청소구 설치
액체연료	• 연료탱크는 보일러 본체로부터 수평거리 1m 이상 • 개폐밸브 연료탱크로부터 0.5m 이내 설치 • 여과장치 설치 • 불연재료로 된 받침대 설치
기체연료	• 보일러와 벽·천장 사이 거리 0.6m 이상 • 개폐밸브 연료용기로부터 0.5m 이내 설치 • 환기구 설치, 금속배관, 가스누설경보기 설치 → 플라스틱 합성관 ×

• 난로
 ┌ 연통은 천장으로부터 0.6m 이상 떨어지고, 건물 밖으로 0.6m 이상 나오게 설치
 └ 이동식난로 사용 금지

예외: 받침대로 고정
하거나 연료누출 차단
장치있으면 사용 가능

• 건조설비
 ┌ 건조설비와 벽·천장 사이 거리 0.5m 이상
 ├ 건조물품이 열원과 직접 접촉 금지
 └ 실내에 설치하는 경우 벽·천장 또는 바닥은 불연재료

• 불꽃을 사용하는 용접·용단기구
 ┌ 작업자로부터 반경 5m 이내 소화기 비치
 └ 작업장으로부터 반경 10m 이내 가연물 쌓아두거나 놓는 것 금지

• 노·화덕설비
 ┌ 흙바닥 또는 불연재료 바닥에 설치
 ├ 0.1m 이상 턱 설치
 └ 30만kcal/h 이상 노 설치 시

vs 위험물 제조소
옥외시설: 0.15m,
펌프실: 0.2m

  ┌ 주요 구조부: 불연재료 → 난연 ×
  ├ 창문 및 출입구: 60분 + 방화문, 60분 방화문
  └ 공간확보: 1m 이상

• 음식조리를 위하여 설치하는 설비
 ┌ 열을 발생하는 조리기구는 반자 또는 선반으로부터 거리 0.6m 이상
 ├ 조리기구로부터 0.15m 이내에 있는 가연성 주요구조부는 석면판 또는 불연재료로 덮어 씌움
 ├ 배출덕트(공기 배출통로)는 0.5mm 이상의 아연도금강판 또는 이와 동등 이상의 내식성 불연
 │ 재료로 설치
 └ 기름을 제거할 수 있는 필터 설치

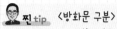 **찐tip** 〈방화문 구분〉
- 60분+방화문: 연기 및 불꽃을 차단할 수 있는 시간이 60분 이상이고, 열을 차단할 수 있는 시간이 30분 이상인 방화문
- 60분 방화문: 연기 및 불꽃을 차단할 수 있는 시간이 60분 이상인 방화문
- 30분 방화문: 연기 및 불꽃을 차단할 수 있는 시간이 30분 이상 60분 미만인 방화문

특수가연물의 저장·취급 기준

20 · 21. 경채, 23. 공채 · 경채

1. 표지: 품명, 최대수량, 단위체적당 질량, 관리책임자(성명, 직책, 연락처) 및 화기 취급의 금지

2. 쌓는 높이 10m 이하, 바닥면적 50m² 이하
   ↳ 석탄, 목탄류는 200m² 이하

3. 살수설비 또는 대형수동식 소화기를 설치한 경우: 쌓는 높이 15m 이하, 바닥면적 200m² 이하

★ 특수가연물

연소속도가 빠른 액체, 고체물질로서 품명별 수량 이상의 것, kg(고체)

┌ 면화류 200kg
├ 나무껍질 및 대팻밥 400kg
├ 넝마 및 종이 부스러기, 사류(실), 재생자원연료, 볏짚류 1,000kg
├ 가연성 고체류, 비발포 플라스틱류(합성수지 포함)(고체) 3,000kg
├ 석탄, 목탄류 10,000kg
├ 가연성 액체류 2m³
├ 목재가공품 및 나무 부스러기 10m³
└ 발포 플라스틱류(합성수지 포함)(액체) 20m³

↳ 석탄, 목탄류는 300m² 이하

---

4. 실외 저장: 쌓는 부분과 대지경계선 또는 도로, 인접 건축물과 최소 6m 이상 이격
   ↳ 쌓은 높이보다 0.9m 이상 높은 내화구조 벽체 설치 시 제외

5. 실내 저장
   ┌ 주요구조부는 내화구조의 건축물로 불연재료
   └ 인접 건축물과는 최소 3m 이상 이격, 다른 종류의 특수가연물과 동일 공간 내에서의 보관은 불가
      ↳ 내화구조의 벽으로 분리하는 경우 제외

6. 쌓는 부분의 바닥면적 사이
   ┌ 실내: 1.2m, 쌓는 높이의 1/2 중 큰 값 이상으로 이격
   └ 실외: 3m, 쌓는 높이 중 큰 값 이상으로 이격

화재예방강화지구

1. 지정권자: 시·도지사 / 지정 요청자: 소방청장

2. 화재안전조사(위치, 구조, 설비): 연 1회 이상

3. 교육, 훈련(소화, 통보, 피난): 10일 전까지 통보, 연 1회 이상

4. 시·도지사는 화재예방강화지구에서의 화재예방에 필요한 자료를 매년 작성·관리
   ↳ 훈련기록은 관계인이 보관, 소방관서장이 보관하지 않음

화재예방강화지구 지정대상

1. 목조건물 밀집, 노후·불량건축물 밀집

2. 공장·창고 밀집

3. 시장지역

4. 위험물 저장 및 처리시설(위험물 제조소, 가스시설) 밀집

5. 석유화학제품을 생산하는 공장

6. 산업단지

7. 소방시설·소방용수시설 또는 소방출동로가 없는 지역

8. 소방관서장이 지정할 필요가 있다고 인정한 지역
   ↳ 상가지역, 고층건물이 밀집한 지역, 주택이 밀집한 지역, 아파트 포함 ×

화재위험경보

소방관서장은 이상기상 예보 또는 특보가 있을 때 화재경보 발령 가능

화재안전영향평가

1. 실시자: 소방청장

2. 필요사항: 대통령령
   ↳ 평가 방법, 절차, 기준 등

3. 평가 내용

   ┌ 화재위험 유발요인

   ├ 소방대상물의 재료, 공간, 이용자 특성 분석 및 화재 확산 경로

   ├ 인명피해 발생현황 등 사회경제적 파급 효과

   └ 화재위험 유발요인을 제어 또는 관리할 수 있는 법령이나 정책의 개선 방안

4. 화재안전영향평가심의회

    ┌ 구성·운영자: 소방청장

    ├ 구성: 위원장 1명을 포함한 12명 이내의 위원

    └ 필요사항은 대통령령으로 정함

화재안전취약자 지원

1. 지원자: 소방관서장

2. 대상: 어린이, 노인, 장애인 등

3. 지원: 소방용품 제공, 소방시설 개선

🎯 중요 기출지문 모음 zip

1. 소방관서장은 매각되거나 폐기된 물건의 소유자가 보상을 요구하는 경우에는 보상금액에 대하여 소유자와 협의를 거쳐 이를 보상하여야 한다.

2. 소방관서장은 관계인이 없는 물건 등을 보관할 때에는 14일간 소방관서 인터넷 홈페이지 또는 게시판에 그 사실을 공고한다.

3. 특수가연물을 저장 또는 취급하는 장소에는 품명·최대수량·단위체적당 질량(또는 단위질량당 체적)·관리책임자 성명·직책·연락처 및 화기취급의 금지표시가 포함된 특수가연물 표지를 설치하여야 한다.

4. 보일러와 벽·천장 사이의 거리는 0.6m 이상 되도록 하여야 한다(단, 건조설비는 0.5m 이상).

5. 난로의 연통은 천장으로부터 0.6m 이상 떨어지고, 건물 밖으로 0.6m 이상 나오게 설치하여야 한다.

6. 음식조리를 위하여 설치하는 설비 중 열을 발생하는 조리기구는 반자 또는 선반으로부터 0.6m 이상 떨어지게 하여야 한다.

7. 불꽃을 사용하는 용접·용단기구 작업장에서는 용접 또는 용단 작업자로부터 반경 5m 이내에 소화기를 갖추어야 한다.

8. 소방관서장은 화재예방강화지구 안의 소방대상물의 위치·구조 및 설비 등에 대한 화재안전조사를 연 1회 이상 실시하여야 한다.

9. 시·도지사가 화재예방강화지구로 지정할 필요가 있는 지역을 화재예방강화지구로 지정하지 아니하는 경우, 소방청장은 해당 시·도지사에게 해당 지역의 화재예방강화지구 지정을 요청할 수 있다.

10. 상가지역은 화재예방강화지구 지정대상이 아니다.

05 소방대상물의 소방안전관리

특정소방대상물의 소방안전관리
23. 공채 · 경채

1. 관계인: 특정소방대상물에 대하여 소방안전관리 업무를 수행

2. 소방안전관리자의 선임 · 신고 등: 30일 이내 소방안전관리자를 선임한 후 14일 이내에 소방본부장, 소방서장에게 신고

3. 다른 안전관리자(전기, 가스, 위험물 등): 소방안전관리자로 선임할 수 없다.

소방안전관리자 선임신고 기준

1. 신규선임: 완공일

2. 증축 또는 용도변경한 경우: 완공일, 용도변경 사실을 건축물관리대장에 기재한 날

3. 관계인의 권리를 취득한 경우: 해당 권리를 취득한 날

4. 공동소방안전관리 대상: 관리권원 분리, 조정한 날

5. 소방안전관리자를 해임, 퇴직한 경우: 소방안전관리자를 해임, 퇴직한 날

소방안전관리자의 업무
23. 공채

1. 소방계획서 작성 · 시행
   ↳ 피난계획에 관한 사항과 대통령령으로 정하는 사항을 포함

2. 자위소방대 조직, 초기대응체계 구성 · 운영 · 교육
   ↳ VS 자체소방대: 「위험물안전관리법」(제4류 위험물 지정수량 3천배 이상)

3. 소방훈련 및 교육(소화, 통보, 피난)

4. 피난시설 및 방화구획 및 방화시설 유지 · 관리

5. 소방시설, 그 밖의 소방관련시설 유지 · 관리 → 소방안전관리자와 관계인 해당

→ 소방안전관리자만 해당

6. 화기취급의 감독
   ↳ 보조 ✕

7. 소방안전관리 업무수행 기록 · 유지
   ↳ 소방안전관리자만

8. 화재시 초기대응

찐 tip 교육 미이수 = 이수할 때까지 자격정지, 소방본부장 또는 소방서장

소방계획서 작성
- 위험물제조소등 중 예방규정 작성대상 ➡ 제외
- 예방규정 작성 대상 아닌 것 ➡ 포함

소방안전관리자를 두어야 하는 특정소방대상물
↳ 공공기관의 소방 안전관리규정을 적용받는 특정소 방대상물 제외

`19 · 20. 공채`

1. 특급 소방안전관리대상물
   - 연면적 10만m² 이상
   - 지하층 포함 층수 30층 이상 ┐ → 아파트 제외
   - 높이 120m 이상 ┘
   - 아파트로서 지하층 제외하고 50층 이상 또는 높이 200m 이상(초고층)

2. 1급 소방안전관리대상물
   - 연면적 1만5천m² 이상 ┐ → 아파트 제외
   - 층수 11층 이상 ┘
   - 아파트로서 지하층 제외하고 30층 이상 또는 높이 120m 이상(준초고층)
   - 가연성 가스 1천톤 이상 저장·취급하는 시설

3. 2급 소방안전관리대상물
   ┌ 호스릴 방식 제외
   - 스프링클러설비, 물분무등소화설비를 설치한 특정소방대상물
   - 옥내소화전설비를 설치한 특정소방대상물
   - 가연성 가스 100톤 이상 1천톤 미만 저장·취급하는 시설
   - 지하구
   - 공동주택
   - 문화재(목조건축물)

4. 3급 소방안전관리대상물: 자동화재탐지설비를 설치한 특정소방대상물
   ↳ 간이스프링클러설비를 설치한 특정소방대상물

소방안전관리 보조자

1. 선임 및 신고기한

    ─ 선임: 30일 이내

    └ 신고: 14일 이내

2. 선임대상

    ─ 300세대 이상 아파트

    ─ 연면적 1만5천m² 이상 특정소방대상물

       └→ 아파트 제외

    ─ 공동주택 중 기숙사, 의료시설, 노유자시설, 수련시설, 숙박시설

       └→ 바닥면적의 합계 1,500m² 미만, 관계인이 24시간 상시 근무하는 숙박시설 제외

3. 소방안전관리보조자의 자격

    ─ 소방안전관리자 자격이 있는 사람

    ─ 「국가기술자격법」에 따른 기술 분야(건축, 기계제작, 기계장비설비·설치, 화공, 위험물, 전기, 안전관리)

    ─ 강습교육(특급, 1급, 2급, 3급)을 수료한 사람

    ─ 소방안전 관련 업무에 2년 이상 근무한 경력이 있는 사람

       └→ 보조자: 교육이수만 해도 가능 = 위험물 대리자

4. 추가선임

    ─ 아파트: 초과되는 300세대마다 1명 이상을 추가로 선임

    └ 아파트 제외 특정소방대상물: 초과되는 연면적 1만5천m²(종합방재실에 자위소방대가 24시간 상시 근무하고 소방자동차 중 소방펌프차, 소방물탱크차, 소방화학차 또는 무인방수차를 운용하는 경우에는 3만m²)마다 1명 이상을 추가로 선임

소방안전관리자 선임대상자

22. 경채

1. 특급 소방안전관리자

    ─ 소방기술사, 소방시설관리사

    ─ 소방설비기사(1급) + 5년 이상 실무경력

    ─ 소방설비산업기사(1급) + 7년 이상 실무경력

    ─ 소방공무원 + 20년 이상 근무경력

       └→ 특정소방대상물 중 연면적 20만m²

    └ 소방청장이 실시하는 특급 소방안전관리대상물의 소방안전관리에 관한 시험 합격자

특급 시험 응시자격

- 1급 소방안전관리자 5년 이상
  └ 소방설비기사 2년, 소방설비산업기사 3년 이상
- 1급 이상에서 소방안전관리보조자 7년 이상
- 소방공무원 10년 이상
- 소방안전관리학과 박사·석사 + 1급 안전관리자 3년 이상
- 특급 소방안전관리보조 10년 이상
- 특급 소방안전관리 강습교육 수료자(유효기간 2년)
- 총괄재난관리자로 1년 이상 근무

2. 1급 소방안전관리자

      ┌ 특급 소방안전관리자

      ├ 소방설비(기사, 산업기사)

      ├ 소방공무원 + 구년 이상 근무경력

      └ 강습교육 면제자로서 시험합격자
                                 ↳ 특급, 1급, 공공기관, 강습교육 수료

소방안전관리 업무 전담 대상물

1. 특급 소방안전관리대상물

2. 1급 소방안전관리대상물

자위소방대 교육

1. 실시자: 소방안전관리자

2. 주기: 연 1회 이상
    ↳ 편성상태 점검, 교육

3. 기록보관: 2년

소방안전관리 업무대행 대상

1. 층수가 11층 이상인 1급 소방안전관리대상물
                         ↳ 연면적 1만5천m² 이상, 아파트 제외

2. 2급 소방안전관리대상물

3. 3급 소방안전관리대상물

건설현장 소방 안전관리

1. 주체: 시공자

2. 소방안전관리자 선임

3. 선임기간: 착공 신고일부터 건축물 사용승인일까지

4. 소방본부장, 소방서장에게 착공일까지 신고
   └ 행정안전부령

5. 대상
   - 연면적 1만 5천m² 이상
   - 지하층의 층수가 2개층 이상인 것으로 연면적 5천m² 이상
   - 지상 11층 이상으로 연면적 5천m² 이상
   - 냉동 또는 냉장창고로서 연면적 5천m² 이상인 것

소방안전관리자 등의 교육

1. 실시자: 소방청장

2. 교육 종류: 강습교육, 실무교육

3. 교육 대상

강습교육	• 소방안전관리자의 자격을 인정받으려는 사람 • 소방안전관리자로 선임되고자 하는 사람
실무교육	선임된 소방안전관리자 및 소방안전관리보조자

관리의 권원이 분리된 특정소방 대상물의 소방 안전관리

1. 안전관리업무 수행자: 관리의 권원별 관계인

2. 대상
   - 복합건축물(층수 11층 이상, 연면적 3만m² 이상)
   - 지하가
   - 판매시설 중 도매시장, 소매시장 및 전통시장(대통령령)

3. 총괄소방안전관리자 선임
   └ 공동 소방안전관리협의회 구성

4. 총괄소방안전관리자 선임자격: 소방안전관리대상물 전체에 대한 소방안전관리자 선임 등급 이상

피난계획의 수립 및 시행

21. 공채

1. 수립·시행권자: 관계인

2. 특정소방대상물의 구조, 피난시설 등을 고려하여 설정한 피난경로 포함

3. 피난시설의 위치, 피난경로 또는 대피요령이 포함된 피난유도 안내정보를 근무자 또는 거주자에게 정기적으로 제공

4. 피난유도 안내정보의 제공

- 연 2회 피난안내 교육 실시
- 분기별 1회 이상 피난안내방송
- 피난안내도 층마다 게시
- 시청이 용이한 지역에 피난안내영상 제공

소방안전관리 대상물 근무자등에 대한 소방훈련 등

21. 공채

1. 근무자등의 소방훈련 등

- 소방훈련: 소화·통보·피난 등의 훈련
- 지도 및 감독: 소방본부장, 소방서장
- 결과 제출: 소방훈련 및 교육을 한 날부터 30일 이내에 행정안전부령으로 정하는 바에 따라 소방본부장, 소방서장에게 제출
- 제출 대상: 특급 및 1급 소방안전관리대상물

2. 불시 소방훈련 및 교육 대상

- 의료시설
- 교육연구시설
- 노유자시설
- 소방본부장, 소방서장이 지정하는 것

3. 근무자 및 거주자에 대한 소방훈련과 교육

- 추가실시: 소방본부장, 소방서장이 화재예방을 위하여 필요하다고 인정 시 2회 범위
- 합동훈련대상: 특급 및 1급 소방안전관리대상물의 관계인
- 2년간 기록보관

4. 소방훈련 및 교육 사전통지

- 통지자: 소방본부장, 소방서장
- 10일 전까지 서면으로 통지

특정소방대상물의 관계인에 대한 소방안전교육	1. 소방본부장이나 소방서장은 특정소방대상물의 화재예방과 소방안전을 위하여 소방안전교육 실시 └▶ 소방안전관리대상물은 아님. 즉, 소방안전관리자 선임 대상이 아님

1. 소방본부장이나 소방서장은 특정소방대상물의 화재예방과 소방안전을 위하여 소방안전교육 실시
  └▶ 소방안전관리대상물은 아님. 즉, 소방안전관리자 선임 대상이 아님

2. 소방안전교육일 10일 전까지 교육대상자에게 통보, 교육일시·장소 등 교육에 필요한 사항 명시
  └▶ 실무교육 30일 전, 강습교육 20일 전까지 통보

3. 대상
  ┌ 소화기 및 비상경보설비가 설치된 공장·창고 등 소규모 특정소방대상물
  └ 화재에 대하여 취약성이 높다고 관할 소방본부장 또는 소방서장이 인정하는 특정소방대상물

공공기관의 소방안전관리
└▶ 사립학교 포함

1. 안전관리 주체: 공공기관의 장

2. 공공시설을 화재로부터 보호하기 위하여 화재 예방, 자위소방대의 조직 및 편성, 소방시설의 자체점검, 소방훈련 등의 소방안전관리 실시

3. 안전관리 규정
  ┌ 소방안전관리자의 자격, 책임 및 선임
  ├ 소방안전관리의 업무대행
  ├ 자위소방대의 구성, 운영 및 교육
  ├ 근무자 등에 대한 소방훈련 및 교육
  └ 그 밖에 소방안전관리에 필요한 사항

🎯 중요 기출지문 모음 zip

1. 소방공무원으로 20년 이상 근무한 경력이 있는 사람은 특급 소방안전관리대상물의 소방안전관리자로 선임할 수 있다.

2. 가연성 가스를 1천톤 이상 저장·취급하는 시설은 1급 소방안전관리대상물에 해당한다.

3. 연면적 1만5천m²의 위락시설은 1급 소방안전관리대상물에 해당한다.

4. 재난관리 일반 및 관련 법령은 특급 소방안전관리자 강습과목에 해당한다.

5. 복합건축물로서 연면적 3만m² 이상인 것은 관리의 권원이 분리되어 있는 특정소방대상물에 해당한다.

6. 피난유도 안내정보 제공은 연 2회 피난안내 교육을 실시하는 방법으로 하여야 한다.

소방안전 특별관리시설물

1. 특별관리기본계획 수립·시행권자: 소방청장

   ┌ 5년마다 수립·시행
   └ 계획 시행 전년도 10월 31일까지 수립

2. 특별관리 시행계획 수립·시행권자: 시·도지사

   ┌ 매년 수립·시행
   └ 계획 시행 전년도 12월 31일까지 수립, 다음 연도 1월 31일까지 소방청장에게 통보

3. 필요사항은 대통령령으로 정함

4. 대상: 화재 등 재난이 발생할 경우 사회·경제적으로 피해가 큰 것

   ┌ 운수시설 중 철도, 도시철도, 공항, 항만시설
   ├ 초고층 건축물, 지하연계 복합건축물
   ├ 산업단지, 산업기술단지
   ├ 수용인원 1천명 이상인 영화상영관
   │ └→ vs 10개 이상은 성능위주설계
   ├ 문화재, 통신용 지하구, 연면적 10만m² 이상 물류창고, 점포 500개 이상 전통시장
   └ 석유비축시설, 천연가스 인수기지 및 공급망, 도시가스공급시설, 발전소

화재예방안전 진단

23. 공채·경채

1. 진단자: 안전원, 소방청장이 지정하는 화재예방안전진단기관

2. 화재예방안전진단 대상

   ┌ 여객터미널이 있는 공항시설
   ├ 철도시설 중 역 시설
   ├ 도시철도시설 중 역사 및 역 시설
   ├ 항만시설 중 여객이용시설 및 지원시설
   ├ 전력용 및 통신용 지하구 중 공동구
   ├ 석유비축시설 중 「위험물안전관리법」에 따른 제조소등으로 허가 받은 시설
   ├ 천연가스 인수기지 및 공급망 중 「소방시설 설치 및 관리에 관한 법률 시행령」에 따른 가스시설
   ├ 발전소
   └ 도시가스공급시설

3. 화재예방안전진단의 실시방법

- A등급: 6년에 1회 이상
- B, C 등급: 5년에 1회 이상
- D, E 등급: 4년에 1회 이상

4. 안전등급

- A등급: 우수, 문제점 발견되지 않음
- B등급: 양호, 문제점 일부 발견, 일부 시정 보완조치, 권고
- C등급: 보통, 문제점 다수 발견, 다수 시정 보완조치, 권고
- D등급: 미흡, 광범위 문제점 발견, 사용 제한
- E등급: 불량, 중대한 문제점 발견, 사용 중단

5. 화재예방안전진단의 절차: 위험요인 조사 → 위험성 평가 → 위험성 감소대책의 수립

6. 진단기관이 갖추어야 하는 시설

- 사무실, 창고
- 4억원 이상 자본금

7. 진단기관이 갖추어야 하는 전문인력

- 다음에 해당하는 사람 각 1명 이상: 소방기술사, 소방시설관리사, 전기안전기술사, 화공안전
  기술사, 가스기술사, 위험물기능장 또는 건축사
- 분야별로 해당 자격 요건을 충족하는 사람 각 1명 이상: 소방, 전기, 화공, 가스, 위험물, 건축,
  교육훈련

8. 화재예방안전진단의 범위

- 소방계획 및 피난계획 수립에 관한 사항
- 소방시설등의 유지·관리에 관한 사항
- 비상대응조직 및 교육훈련에 관한 사항
- 화재 위험성 평가에 관한 사항
- 화재위험요인의 조사에 관한 사항

◎ 중요 기출지문 모음 zip

1. 소방안전특별관리시설물은 공항, 항만, 철도, 도시철도시설, 산업단지, 산업기술단지, 석유비축, 천연가스 인수기지 및
   공급망, 도시가스공급시설, 발전소, 초고층 건축물 및 지하연계 복합건축물, 영화상영관 중 수용인원 1천명 이상, 지정문
   화재, 전력용 및 통신용 지하구, 물류창고로서 연면적 10만m² 이상, 점포가 500개 이상인 전통시장이다.

2. 화재예방안전진단 대상은 공항시설 중 여객터미널이 있는 공항시설, 철도시설 중 역 시설, 도시철도시설 중 역사 및
   역 시설, 항만시설 중 여객이용시설 및 지원시설, 전력용 및 통신용 지하구 중 「국토의 계획 및 이용에 관한 법률」에 따른
   공동구, 발전소, 석유비축시설 중 「위험물안전관리법」에 따른 제조소등으로 허가 받은 시설, 천연가스의 인수기지 및
   공급망 중 「소방시설 설치 및 관리에 관한 법률 시행령」에 따른 가스시설, 「도시가스사업법」에 따른 가스공급시설이다.

화재의 예방과 안전문화 진흥을 위한 시책

1. 추진자: 소방관서장

2. 소방청장: 국민이 화재의 예방과 안전문화를 실천하고 체험할 수 있는 체험시설을 설치·운영

우수소방대상물 포상 등

1. 선정자: 소방청장

2. 우수소방대상물 표지 발급, 관계인 포상

우수소방대상물 평가위원회

1. 구성·운영: 소방청장

2. 평가 위원: 2명 이상

- 소방기술사
  - ↳ 소방안전관리자로 선임된 사람은 제외
- 소방 관련 석사 학위 이상을 취득
- 소방 관련 법인 또는 단체에서 소방 관련 업무에 5년 이상 종사한 사람
- 소방공무원 교육기관, 대학 또는 연구소에서 소방과 관련한 교육 또는 연구에 5년 이상 종사한 사람

조치명령 등 기간연장

1. 조치명령 등: 조치명령, 선임명령, 이행명령

2. 명령자: 소방관서장

3. 기간연장 대상: 재난 발생, 감염병 발생, 관계인, 소유권 변동으로 시정 불가능, 다수의 관계인으로 의견조정 및 시정 불가능한 경우 ↳ 질병, 장기출장

청문

1. 청문 실시자: 소방청장, 시·도지사

2. 대상: 취소
   ↳ 소방안전관리자 자격, 진단기관 지정

권한의 위임·위탁

1. 소방청장: 소방안전관리자 자격의 정지 및 취소
   ↳ 소방본부장, 소방서장에게 위임

2. 소방관서장 → 안전원 위탁

   ─ 소방안전관리자, 소방안전관리보조자 선임신고의 접수

   ─ 소방안전관리자, 소방안전관리보조자 해임 사실의 확인

   ─ 건설현장 소방안전관리자 선임신고의 접수

   ─ 소방안전관리자 자격시험

   ─ 소방안전관리자 자격증의 발급 및 재발급

   ─ 소방안전관리 등에 관한 종합정보망의 구축·운영

   └ 강습교육 및 실무교육

◎ 중요 기출지문 모음 zip

1. 소방관서장은 국민의 화재 예방과 안전에 관한 의식을 높이고 화재의 예방과 안전문화를 진흥시키기 위한 활동을 적극 추진하여야 한다.

2. 소방청장은 국민이 화재의 예방과 안전문화를 실천하고 체험할 수 있는 체험시설을 설치·운영할 수 있다.

3. 소방청장은 소방대상물의 자율적인 안전관리를 유도하기 위하여 안전관리 상태가 우수한 소방대상물을 선정하여 우수 소방대상물 표지를 발급하고, 소방대상물의 관계인을 포상할 수 있다.

4. 조치명령·선임명령 또는 이행명령(조치명령등)을 받은 관계인 등은 천재지변이나 그 밖에 대통령령으로 정하는 사유로 조치명령등을 그 기간 내에 이행할 수 없는 경우에는 조치명령등을 명령한 소방관서장에게 대통령령으로 정하는 바에 따라 조치명령등의 이행시기를 연장하여 줄 것을 신청할 수 있다.

08 벌칙

3년 이하의 징역 또는 3천만원 이하의 벌금

1. 화재안전조사에 따른 조치명령을 정당한 사유 없이 위반한 자

2. 소방안전관리자 선임에 따른 명령을 정당한 사유 없이 위반한 자

3. 화재예방안전진단에 따른 보수·보강 등의 조치명령을 정당한 사유 없이 위반한 자

4. 거짓이나 그 밖의 부정한 방법으로 진단기관 지정을 받은 자

1년 이하의 징역 또는 1천만원 이하의 벌금

1. 화재안전조사 시 관계인의 정당한 업무를 방해하거나, 조사업무를 수행하면서 취득한 자료나 알게 된 비밀을 다른 사람 또는 기관에게 제공 또는 누설하거나 목적 외의 용도로 사용한 자

2. 소방안전관리자 자격증을 다른 사람에게 빌려주거나 빌리거나 이를 알선한 자

3. 진단기관으로부터 화재예방안전진단을 받지 아니한 자

300만원 이하의 벌금

1. 화재안전조사를 정당한 사유 없이 거부·방해 또는 기피한 자

2. 화재의 예방조치에 따른 명령을 정당한 사유 없이 따르지 아니하거나 방해한 자

3. 소방안전관리자, 총괄소방안전관리자 또는 소방안전관리보조자를 선임하지 아니한 자

4. 소방시설·피난시설·방화시설 및 방화구획 등이 법령에 위반된 것을 발견하였음에도 필요한 조치를 할 것을 요구하지 아니한 소방안전관리자

5. 소방안전관리자에게 불이익한 처우를 한 관계인

6. 화재예방안전진단 업무를 수행하면서 알게 된 비밀을 이 법에서 정한 목적 외의 용도로 사용하거나 다른 사람 또는 기관에 제공하거나 누설한 자

300만원 **이하의 과태료**	1. 화재예방강화지구, 준하는 장소에서 모닥불 등의 행위를 한 자
	2. 소방안전관리자를 겸한 자
	3. 소방안전관리업무를 하지 아니한 특정소방대상물의 관계인 또는 소방안전관리대상물의 소방안전관리자
	4. 소방안전관리업무의 지도·감독을 하지 아니한 자
	5. 건설현장 소방안전관리대상물의 소방안전관리자의 업무를 하지 아니한 소방안전관리자
	6. 피난유도 안내정보를 제공하지 아니한 자
	7. 소방훈련 및 교육을 하지 아니한 자
	8. 화재예방안전진단 결과를 제출하지 아니한 자
200만원 **이하의 과태료**	1. 불을 사용할 때 지켜야 하는 사항 및 특수가연물의 저장 및 취급 기준을 위반한 자
	2. 화재예방강화지구에서 소방설비등의 설치 명령을 정당한 사유 없이 따르지 아니한 자
	3. 기간 내에 선임신고를 하지 아니하거나 소방안전관리자의 성명 등을 게시하지 아니한 자
	4. 기간 내에 소방훈련 및 교육 결과를 제출하지 아니한 자
100만원 **이하의 과태료**	실무교육을 받지 아니한 소방안전관리자 및 소방안전관리보조자

◎ 중요 기출지문 모음 zip

1. 화재안전조사 결과에 따른 조치명령을 정당한 사유 없이 위반한 자, 거짓이나 그 밖의 부정한 방법으로 화재예방안전진단 기관으로 지정을 받은 자는 3년 이하의 징역 또는 3천만원 이하의 벌금에 처한다.

2. 화재안전조사 시 관계인의 정당한 업무를 방해하거나, 조사업무를 수행하면서 취득한 자료나 알게 된 비밀을 다른 사람 또는 기관에게 제공 또는 누설하거나 목적 외의 용도로 사용한 자는 1년 이하의 징역 또는 1천만원 이하의 벌금에 처한다.

3. 화재안전조사를 정당한 사유 없이 거부·방해 또는 기피한 자는 300만원 이하의 벌금에 처한다.

4. 소방안전관리자를 겸한 자는 300만원 이하의 과태료에 처한다.

5. 특수가연물의 저장 및 취급의 기준을 위반한 자는 200만원 이하의 과태료에 처한다.

목적

규모, 용도, 수용인원 고려

특정소방대상물 등에 설치하여야 하는 소방시설등의 설치·관리와 소방용품 성능관리에 필요한 사항을 규정함으로써 국민의 생명·신체 및 재산을 보호하고 공공의 안전과 복리 증진에 이바지함

정의

└→ 대통령령으로 정함

19 · 21. 경채,

20. 공채 · 경채

1. 소방시설: 소화설비, 경보설비, 피난구조설비, 소화용수설비, 소화활동설비

2. 소방시설등: 소방시설, 비상구, 방화문 및 자동방화셔터, 방염대상물품

3. 특정소방대상물: 소방시설을 설치하여야 하는 소방대상물 [예] 건축물

4. 소방용품: 소방시설등을 구성하거나 소방용으로 사용되는 제품 또는 기기

5. 화재안전성능: 화재를 예방하고 화재발생 시 피해를 최소화하기 위하여 소방대상물의 재료, 공간 및 설비 등에 요구되는 안전성능

6. 성능위주설계: 건축물 등의 재료, 공간, 이용자, 화재 특성 등을 종합적으로 고려하여 공학적 방법으로 화재 위험성을 평가하고 그 결과에 따라 화재안전성능이 확보될 수 있도록 특정소방대상물을 설계하는 것

7. 화재안전기준 →소방시설 설치 및 관리를 위한 기준

┌ 성능기준: 화재안전 확보를 위하여 재료, 공간 및 설비 등에 요구되는 안전성능으로서 소방청장이 고시로 정하는 기준

└ 기술기준: 성능기준을 충족하는 상세한 규격, 특정한 수치 및 시험방법 등에 관한 기준으로서 행정안전부령으로 정하는 절차에 따라 소방청장의 승인을 받은 기준

특정소방대상물

• 공동주택

┌ 아파트등 → 5층 이상 주택

└ 기숙사 → 공동 취사시설 이용 세대수 50% 이상

• 근린생활시설

┌ 바닥면적의 합계 150m² 미만: 단란주점

├ 바닥면적의 합계 300m² 미만: 공연장, 종교집회장

├ 바닥면적의 합계 1천m² 미만: 슈퍼마켓 등 소매점, 의약품·의료기기 판매소, 자동차영업소

├ 바닥면적의 합계 500m² 미만: 학원, 고시원, 게임제공업, 제조업소, 수리점, 사무소, 체육도장

└ 용도: 의원, 한의원, 치과의원, 안마시술소, 침술원, 접골원, 조산원, 안마원, 미용원, 목욕장, 세탁소, 독서실

병원은 의료시설

- 문화 및 집회시설

  ┌ 바닥면적의 합계 300m² 이상의 공연장

  ├ 집회장: 예식장, 공회당, 회의장, 마권 장외 발매소, 마권 전화투표소

  ├ 관람장: 경마장, 경륜장, 자동차 경기장, 바닥면적 합계 1천m² 이상 체육관 및 운동장

  ├ 전시장: 박람회장, 견본주택, 미술관, 박물관

  └ 동·식물원, 수족관

  🧑 찐 tip　공연장 ┌ 300m² 미만 ⇨ 근린생활
  　　　　　　　　└ 300m² 이상 ⇨ 문화 및 집회시설

- 종교시설

  ┌ 바닥면적의 합계 300m² 이상인 종교집회장

  └ 종교집회장에 설치하는 봉안당

- 판매시설

  ┌ 바닥면적의 합계 1천m² 이상인 상점

  └ 전통시장, 도매시장, 소매시장
  　　└→ 노점형 시장 제외

- 운수시설

  ┌ 여객자동차터미널

  ├ 철도 및 도시철도 시설

  ├ 공항시설 → 항공관제탑 포함

  └ 항만시설 및 종합여객시설

- 의료시설

  ┌ 병원: 요양병원, 치과병원 등

  ├ 격리병원: 마약진료소, 전염병원 등

  ├ 정신의료기관

  └ 장애인 의료재활시설

- 교육연구시설

  ┌ 학교 → 병설유치원 제외

  ├ 학원(500m² 이상)
  　　└→ 무도학원 제외, 자동차(운전학원·정비학원) 제외

  ├ 도서관

  ├ 직업훈련소

  └ 연구소

- 노유자시설

  ┌ 노인 관련 시설

  ├ 아동 관련 시설: 어린이집, 병설유치원

  ├ 장애인 관련 시설: 장애인 거주시설

  ├ 정신질환자 관련 시설

  └ 노숙인 관련 시설

- 수련시설
  - 생활권 수련시설: 청소년수련관, 청소년문화의 집, 청소년특화시설
  - 자연권 수련시설: 청소년수련원, 청소년야영장
  - 유스호스텔
- 운동시설
  - 관람석의 바닥면적 1천m^2 미만인 운동장
  - 체육관 용도
    - → vs 체력단련장은 500m^2 이상 1천m^2 미만, 500m^2 이상(탁구장, 체육도장, 볼링장, 실내낚시터 등)
- 업무시설
  - 공공업무시설
  - 일반업무시설: 오피스텔 등
  - 동사무소, 경찰서, 119안전센터, 우체국, 보건소, 공공도서관, 국민건강보험공단
- 숙박시설: 고시원 → 바닥면적의 합계 500m^2 이상
- 위락시설
  - 단란주점
  - 유흥주점
  - 유원시설업의 시설
  - 무도장 및 무도학원
  - 카지노영업소
- 공장
- 창고시설 → 위험물 저장 및 처리 시설 제외
- 위험물 저장 및 처리 시설
  - 위험물 제조소등
  - 가스시설
- 항공기 및 자동차 관련시설 → 건설기계 관련 시설 포함
  - 자동차 검사장
  - 운전학원·정비학원
  - 세차장
  - 항공기격납고
  - 폐차장
  - 차고, 주차용 건축물, 철골 조립식 및 기계장치에 의한 주차시설
- 동물 및 식물 관련 시설
  - 축사 → 부화장 포함
  - 도축장
  - 종묘배양시설(인공수정센터), 온실, 도계장, 동물검역소, 가축시설

- 자원순환 관련 시설
  - 고물상
  - 하수 등 처리시설
- 교정 및 군사시설
- 방송통신시설
- 발전시설
- 묘지 관련 시설
  - 봉안당 → 종교시설 봉안당 제외
  - 화장시설
  - 묘지와 자연장지에 부수되는 건축물
  - 동물화장시설, 동물건조장시설 및 동물 전용의 납골시설
- 관광 휴게시설
  - 관망탑
  - 휴게소
  - 공원·유원지 또는 관광지에 부수하는 건축물
  - 어린이회관
  - 야외극장
  - 야외음악당
- 장례시설
  - 장례식장 → 의료시설의 부수시설 제외
  - 동물 전용 장례식장
- 지하가: 터널, 지하상가
- 지하구
  - 전력 또는 통신사업용
  - 공동구
  - 폭 1.8m 이상, 높이 2m 이상의 배관(가스, 냉·난방용)
- 문화재
- 복합건축물: 둘 이상의 용도로 사용되는 것
  - 지하구, 문화재 제외

 찐 tip 〈일반적인 경보설비 적용 예〉
- 연면적 400㎡ 미만: 단독경보형 감지기
- 연면적 400㎡ 이상: 비상경보설비 설치
- 연면적 600㎡ 이상: 자동화재탐지설비 설치

소방용품

↳ 소방청장의
   형식승인필요

1. 소화설비를 구성하는 제품 또는 기기 → 물 또는 그 밖의 소화약제를 사용하여 소화하는
   기계·기구 또는 설비

   ┌ 소화기구(소화약제 외의 것을 이용한 간이소화용구는 제외) → 마른모래, 팽창질석,
   │   팽창진주암 제외
   ├ 소화설비를 구성하는 소화전, 관창, 소방호스, 스프링클러헤드, 기동용 수압개폐장치, 유수제
   │ 어밸브 및 가스관선택밸브
   └ 자동소화장치

2. 경보설비를 구성하는 제품 또는 기기 → 시각경보기, 사이렌 포함 ×

   ┌ 누전경보기 및 가스누설경보기
   └ 발신기, 수신기, 중계기, 감지기 및 음향장치(경종만 해당)

3. 피난구조설비를 구성하는 제품 또는 기기 → 휴대용 비상조명 포함 ×

   ┌ 피난사다리, 구조대, 완강기(간이완강기 및 지지대 포함)
   ├ 공기호흡기(충전기 포함)
   └ 피난구유도등, 통로유도등, 객석유도등 및 예비 전원이 내장된 비상조명등

4. 소화용으로 사용하는 제품 또는 기기

   ┌ 소화약제 → 물은 소화약제가 맞지만 포함 ×
   └ 방염제(방염액·방염도료 및 방염성물질)

5. 그 밖의 행정안전부령으로 정하는 소방 관련 제품 또는 기기

무창층

↳ 대통령령으로 정함

`19 · 23. 경채`

1. 개구부면적의 합계가 해당 층의 바닥면적의 30분의 1 이하

2. 개구부 조건

   ┌ 지름 50cm 이상의 원이 통과할 수 있는 크기일 것
   ├ 바닥면으로부터 개구부 밑부분까지의 높이가 1.2m 이내일 것
   │   ↳ 상층까지 ×
   ├ 도로 또는 차량이 진입할 수 있는 빈터를 향할 것
   ├ 창살이나 그 밖의 장애물이 설치 되지 아니 할 것
   └ 쉽게 부수거나 열 수 있을 것

3. 피난층: 곧바로 지상으로 갈 수 있는 출입구가 있는 층

국가 및 지방자치 단체의 책무	1. 소방시설등의 설치·관리와 소방용품의 품질 향상 등의 정책 수립 및 시행
	2. 새로운 소방 기술·기준의 개발 및 조사·연구, 전문인력 양성 노력
	3. 정책 수립·시행 시 필요한 행정적·재정적 지원
관계인의 의무	1. 소방시설등의 기능과 성능을 보전·향상 시키고 이용자의 편의와 안전성을 높이기 위한 노력
	2. 매년 소방시설등의 관리에 필요한 재원 확보 노력
	3. 국가 및 지방자치단체의 소방시설등의 설치 및 관리 활동에 적극 협조
	4. 점유자는 소유자 및 관리자의 소방시설등 관리 업무에 적극 협조

🎯 중요 기출지문 모음 zip

1. 소방용품이란 소방시설등을 구성하거나 소방용으로 사용되는 제품 또는 기기로서 대통령령으로 정하는 것을 말한다.

2. 누전경보기는 소방용품 중 경보설비를 구성하는 제품 또는 기기에 해당한다.

3. 개구부의 요건은 크기는 지름 50cm 이상의 원이 통과할 수 있는 크기일 것, 해당 층의 바닥면으로부터 개구부 밑부분까지의 높이가 1.2m 이내일 것이다.

4. 지하구는 전력 또는 통신사업용 외의 지하 인공구조물로서 폭 1.8m 이상이고 높이가 2m 이상이며 길이가 50m 이상인 것, 「국토의 계획 및 이용에 관한 법률」에 따른 공동구가 해당한다.

5. 숙박시설로서 해당 용도로 사용되는 바닥면적의 합계가 300m² 이상 600m² 미만인 시설은 간이스프링클러설비를 설치하여야 한다.

6. 아파트등 및 30층 이상 오피스텔의 모든 층에는 주거용 주방자동소화장치를 설치하여야 한다.

7. 연면적 400m² 미만의 유치원은 소방시설 중 단독경보형감지기를 설치하여야 한다.

8. 비상조명등은 피난구조설비에 해당한다.

9. 지하가(터널은 제외한다)로서 연면적 1천m² 이상인 것은 제연설비를 설치하여야 한다.

10. 문화 및 집회시설, 종교시설, 운동시설로서 무대부의 바닥면적이 200m² 이상 또는 문화 및 집회시설 중 영화상영관으로서 수용인원 100명 이상인 것은 제연설비를 설치하여야 한다.

02 소방시설등의 설치·관리 및 방염

건축허가 동의
20. 경채

1. 허가권자: 건축허가청

2. 사용승인에 대한 동의: 주택(지방공사), 학교시설은 완공검사증명서로 동의 갈음

3. 동의 절차

- 건축허가청이 소방본부장 또는 소방서장에게 동의 요구
- 접수한 날부터 5일 이내 동의 여부 회신
  - ↳ 특급소방대상물은 10일, 기간 초과해도 아무말 없으면 동의한 것으로 간주
- 건축허가등 취소 시 취소한 날부터 구일 이내 통보
  - ↳ 건축허가청 ⇨ 소방본부장 또는 소방서장
- 동의 요구서 및 첨부서류 보완기간: 4일 이내
  - ↳ 성능위주 설계는 7일 이내

건축허가동의 대상물의 범위
↳ 소화기구, 피난기구 제외
19. 경채,
23. 공채·경채

1. 층수가 6층 이상인 건축물

2. 20대 이상: 기계장치 주차시설

3. 100m² 이상: 학교시설, 공연장(지하층·무창층)

4. 150m² 이상: 지하층·무창층이 있는 건축물

5. 200m² 이상: 수련·노유자시설, 차고·주차장

6. 300m² 이상: 정신의료기관(입원실이 있는 경우), 장애인의료재활시설

7. 연면적 400m² 이상

8. 항공기 격납고, 항공관제탑, 관망탑, 방송용 송·수신탑, 위험물저장 및 처리시설, 지하구, 노유자생활시설, 요양병원

9. 조산원, 산후조리원, 의원(입원실 있는 것)

10. 발전시설 중 전기저장시설, 풍력발전소

11. 창고시설로서 수량의 구50배 이상의 특수가연물 저장·취급

12. 가스시설로서 노출탱크저장용량 합계가 100톤 이상

건축에 관한 용어
- 개축: 기존 건축물의 전부 또는 일부(내력벽·기둥·보·지붕틀 중 셋 이상이 포함되는 경우)를 철거하고 그 대지에 종전과 같은 규모의 범위에서 건축물을 다시 축조하는 것
- 재축: 축물이 천재지변 또는 그 밖의 재해로 멸실된 경우 그 대지에 종전과 같은 규모의 범위에서 다시 축조하는 것

건축허가등의 제외 대상

1. 소화기구, 자동소화장치, 누전경보기, 단독경보형감지기, 시각경보기, 가스누설경보기, 피난구조설비가 화재안전기준에 적합한 경우
   ↳ 비상조명등 제외

2. 건축물의 증축 또는 용도변경으로 인하여 해당 특정소방대상물에 추가로 소방시설이 설치되지 아니하는 경우

건축허가등의 동의 첨부서류

1. 건축허가신청서 및 건축허가서 등 건축허가등을 확인할 수 있는 서류

2. 설계도서: 건축물의 단면도 및 주단면 상세도, 소방시설의 층별 평면도 및 층별 계통도, 창호도

3. 소방시설 설치계획표

4. 임시소방시설 설치계획서

5. 소방시설설계업등록증 및 기술인력자격증 사본
   ↳ 소방시설공사업 ×

6. 소방시설설계 계약서 사본

소방시설의 내진설계 기준
`22. 경채`

1. 기준: ★ 소방청장이 정함

2. 대상: 옥내소화전설비, 스프링클러설비, 물분무등소화설비

성능위주설계 대상
`22. 공채`

1. 연면적 20만m² 이상, 지하층을 포함한 층수가 30층 이상, 건축물의 높이가 120m 이상
   ↳ 아파트등 제외

2. 지하층을 제외한 층수가 50층 이상, 건축물의 높이가 200m 이상
   ↳ 아파트등

3. 지하연계복합건축물

4. 연면적 3만m² 이상 철도·도시철도시설 및 공항시설

5. 하나의 건축물에 영화상영관이 10개 이상

6. 연면적 10만m² 이상이거나 지하층의 층수가 2개층 이상이고 지하층의 바닥면적의 합이 3만m² 이상인 창고시설

7. 터널 중 수저(水底)터널 또는 길이가 5천m 이상

| 성능위주설계 | 1. 설치: 소방청, 소방본부 |
| 평가단 | |

**성능위주설계
평가단**

1. 설치: 소방청, 소방본부

2. 구성: 평가단장 1명 포함 50 이내의 단원
   ↳ 평가단장은 소방청장 또는 소방본부장이 임명·위촉
   ↳ 화재예방 담당 부서의 장

3. 회의: 평가단장과 단장이 지명하는 6명 이상 8명 이하의 평가단원으로 성립

**주택에 설치
하는 소방시설**

1. 주택의 소유자는 대통령령으로 정하는 소방시설 설치
   ↳ 소화기(≠ 소화기구) 및 단독경보형감지기
   ┌ 단독주택
   └ 공동주택
      ↳ 아파트, 기숙사 제외

2. 소방시설의 설치기준: 시·도 조례로 정함

**자동차에 설치
또는 비치하는
소화기**

1. 차량용소화기 설치 대상
   ┌ 5인승 이상의 승용자동차
   ├ 승합자동차
   ├ 화물자동차
   └ 특수자동차

2. 소화기 설치위치 및 수량

자동차 종류	설치 위치	수량
11인 이상 승합자동차	운전석, 운전석과 옆으로 나란한 좌석 주위	1개 이상
23인 초과 승합자동차 (너비 2.3m 초과)	운전자 좌석 부근 가로 600mm, 세로 200mm 이상의 공간 확보하고 설치	1개 이상
그 밖의 자동차	사용하기 쉬운 위치	1개 이상

[시행일: 2024.12.1]

1. 특정소방대상물의 관계인은 대통령령으로 정하는 소방시설을 소방청장이 정하여 고시하는 화재안전기준에 따라 설치 또는 유지·관리

2. 조치권자: 소방본부장, 소방서장

3. 소방시설의 기능과 성능에 지장을 줄 수 있는 폐쇄·차단 등의 행위 금지
   ↳ 점검 및 정비 제외

4. 소방시설정보관리시스템 구축·운영 대상
   - 문화 및 집회시설
   - 종교시설
   - 노유자시설
   - 수련시설(숙박 가능)
   - 의료시설
   - 숙박시설
   - 판매시설
   - 업무시설
   - 공장, 창고시설
   - 위험물 저장 및 처리 시설
   - 지하가 및 지하구
   - 소방청장, 소방본부장 또는 소방서장이 필요하다고 인정하는 대상

수용인원의 산정 방법
↳ 계산 시 복도, 계단 및 화장실 바닥면적 포함 ✕ (소수점 이하 반올림)
- 숙박시설이 있는 특정소방대상물
  - 침대 있는 경우: 종사자 + 침대 수
    ↳ 2인용은 2개로 산정
  - 침대 없는 경우: 종사자 + (바닥면적의 합계/3m^2)
- 그 외의 특정소방대상물
  - 강의실·교무실·상담실·실습실·휴게실: 바닥면적의 합계/1.9m^2
  - 강당·문화 및 집회시설·운동시설·종교시설: 바닥면적의 합계/4.6m^2
    ↳ 관람석의 긴 의자: 정면너비/0.45m, 고정된 의자 수
- 그 밖의 특정소방대상물: 바닥면적의 합계/3m^2

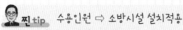

찐 tip 수용인원 ⇨ 소방시설 설치적용
├ 대부분 100명 이상
└ 예외: 500명 이상, 바닥면적의 합계가 5천m² 이상 (스프링클러설비 설치)
  ↳ 판매시설, 운수시설, 물류터미널

특정소방대상물이 갖추어야 하는 소방시설의 종류

`20. 공채,`
`22 · 23. 공채 · 경채`

시행령 [별표 5] 특정소방대상물의 관계인이 특정소방대상물의 규모 · 용도 및 수용인원 등을 고려하여 갖추어야 하는 소방시설의 종류
↳ 누전차단기 포함 ×
  소방청장은 3년마다 1회 이상 소방시설 규정을 정비해야 함

• 소화설비: 물 또는 그 밖의 소화약제를 사용하여 소화하는 설비
  ↳ 방화설비 포함 ×

소화기구	• 소화기(능력단위 1 이상): 수동 • 간이소화용구: 에어로졸식, 투척용, 소공간용 및 소화약제 외의 것 이용한 것 팽창질석, 팽창진주암, 마른모래 • 자동확산소화기: 국소적
자동소화장치(고정)	• 주거용 주방자동소화장치 → 아파트 등, 오피스텔 • 캐비닛형 자동소화장치 • 가스자동소화장치 • 분말자동소화장치 • 고체에어로졸자동소화장치
옥내소화전설비	호스릴소화전설비 포함
스프링클러설비 등	• 스프링클러설비 • 간이스프링클러설비 → 캐비닛형 포함 • 화재조기진압용 스프링클러설비 • 특수가연물 저장소에 설치
물분무등소화설비 ↳ 항공기, 차량, 전기, 전산실 등에 적용	• 물분무소화설비 • 미분무소화설비 • 포소화설비(Foam) • 이산화탄소소화설비 • 할론소화설비 • 할로겐화합물 및 불활성기체 소화설비 • 분말소화설비 • 강화액설비 → 물 표면장력 ⤋, 어는점 ⤋ • 고체 에어로졸, 소화설비

- 경보설비
  - 단독경보형 감지기(자동): 감지와 경보
  - 비상경보설비(수동): 비상벨설비, 자동식사이렌설비
  - 청각장애인을 위한 시각경보기
  - 자동화재탐지설비 → vs 터널: 물분무설비, 제연설비, 옥내소화전설비
    - ↳ 지하가 중 길이가 1천m 이상인 터널에 설치
  - 비상방송설비
  - 자동화재속보설비: 소방관서에 화재 알림, 노유자시설 필수
  - 통합감시시설 예 방재실
  - 누설전류검출을 위한 누전경보기
  - 가스누설경보기: 연소하한계 이하에서 작동
  - 화재알림설비: 전통시장
- 피난구조설비

피난기구 ↳ 지하층, 3층 이상 10층 이하의 노유자시설로서 피난층을 제외한 지상 1층, 지상 2층	• 피난사다리(지하) • 구조대 • 완강기 → 간이완강기 포함 • 화재안전기준으로 정하는 것(공기안전매트 등) • 간이완강기, 미끄럼대, 승강식피난기, 피난교, 피난용트랩, 다수인피난장비 ↳ 피난밧줄 포함 ×
인명구조기구 ↳ 지하층 포함 7층 이상 관광호텔, 5층 이상 병원(인공소생기 제외)	• 방열복 또는 방화복 → 안전모, 안전화, 장갑 포함 • 공기호흡기 • 인공소생기
유도등	• 피난구유도등 • 통로유도등 • 객석유도등 • 유도표지 • 피난유도선

피난기구 - 피.구.왕
- 피난사다리(지하)
- 구조대
- 완강기(간이완강기 포함)

 찐tip
- 병원에 미끄럼대 설치 ×
- 지하에 설치: 피난사다리, 피난용트랩

- 소화용수설비
  - 구경 75mm 이상 상수도소화용수설비
  - 소화수조·저수조, 그 밖의 소화용수설비

- 소화활동설비

  ┌ 화재 진압 또는 인명구조활동

  ├ 연결송수관설비 → 터널 500m 이상

  ├ 연결살수설비 → 살수헤드 존재

  ├ 연소방지설비(방염도료): 전력 또는 통신사업용의
  │ 지하구

  ├ 무선통신보조설비
  │   └ 30층 이상 건물에 16층부터 설치,
  │   지하가(1천m² 이상), 공동구,
  │   터널(500m 이상)

  ├ 제연설비

  └ 비상콘센트설비

> **소화활동설비 - 연. 무. 제. 비**
> - 연결송수관설비
> - 연결살수설비
> - 연소방지설비
> - 무선통신보조설비
> - 제연설비
> - 비상콘센트설비

- 소화기구 설치 대상

소화기 또는 간이소화용구를 설치하여야 하는 특정소방대상물	• 연면적 33m² 이상인 것 └ 증축특례: 지원간이휴게실 • 지정문화재 및 가스시설 • 터널 50m마다
주거용 주방자동소화장치를 설치하여야 하는 특정소방대상물	• 아파트 • 30층 이상 오피스텔의 모든 층

- 물분무등소화설비 설치 대상

  ┌ 항공기격납고

  ├ 주차용 건축물: 연면적 800m² 이상

  ├ 차고, 주차장: 바닥면적 200m² 이상

  ├ 기계식 주차장치: 20대 이상

  ├ 전기실 · 발전실 · 변전실 · 축전지실 · 통신기기실 · 전산실: 바닥면적 300m² 이상

  └ 소화수 처리장치 없는 중 · 저준위방사성폐기물의 저장시설: 이산화탄소소화설비, 할론소화
     설비 또는 할로겐화합물 및 불활성기체 소화설비 설치
     └ 소화수 처리장치 있으면 스프링클러설비

- 피난기구

  ┌ 설치층: 3층 이상 10층 이하, 지하층, 노유자시설로 피난층을 제외한 지상 1층 및 지상 2층

  └ 제외: 피난층, 지상 1층, 지상 2층 및 층수가 11층 이상인 층, 가스시설, 터널, 지하구

- 인명구조기구 설치 대상

  ┌ 지하층 포함 7층 이상인 관광호텔: 방열복 또는 방화복, 인공소생기, 공기호흡기

  └ 지하층 포함 5층 이상인 병원: 방열복 또는 방화복, 공기호흡기

- 무선통신보조설비 설치 대상: 층수가 30층 이상인 것으로서 16층 이상 부분의 모든 층

- 연소방지설비 설치 대상: 전력 또는 통신사업용인 지하구

〈제연설비를 설치하여야 하는 특정소방대상물〉
- 문화 및 집회시설, 종교시설, 운동시설로서 무대부 바닥면적 200m² 이상
- 문화 및 집회시설 중 영화상영관으로서 수용인원 100명 이상
- 기타: 바닥면적 1천m² 이상
- 제연설비 설치 대부분 1천: 2천, 4천은 제외시킬 것, 3천 거의 없음(소화전 해당)
- 수용인원은 대부분 100명, 수용인원 500명: 스프링클러설비
  ↳ 판매, 운수, 창고시설 중 물류터미널로서 바닥면적합계 5천m² 이상 또는
  수용인원 500명 이상인 경우에는 모든 층

소방시설을 설치해야 하는 터널

옥내소화전설비, 제연설비, 물분무설비 설치
↳ vs 지하구: 통합감시시설(자동화재탐지설비), 연소방지설비

소방시설기준 적용 특례 (소급적용)

1. 공동구에 설치하는 소화기, 자동소화장치, 자동화재탐지설비, 통합감시시설, 유도등 및 연소방지설비

2. 전력 및 통신사업용 지하구에 설치하는 소화기, 자동소화장치, 자동화재탐지설비, 통합감시시설, 유도등 및 연소방지설비

3. 노유자시설에 설치하는 간이스프링클러설비, 자동화재탐지설비 및 단독경보형감지기

4. 의료시설에 설치하는 스프링클러설비, 간이스프링클러설비, 자동화재탐지설비 및 자동화재속보설비

특정소방대상물의 소방시설 설치 면제 기준 특례

20. 경채

특정소방대상물의 소방시설 설치의 면제기준

설치가 면제되는 소방시설	설치면제 기준
스프링클러설비	물분무등소화설비를 화재안전기준에 적합하게 설치한 경우
물분무등소화설비	물분무등소화설비를 설치하여야 하는 차고·주차장에 스프링클러설비를 화재안전기준에 적합하게 설치한 경우
제연설비	공기조화설비를 화재안전기준의 제연설비기준에 적합하게 설치하고 공기조화설비가 화재 시 제연설비기능으로 자동전환되는 구조로 설치되어 있는 경우
옥내소화전설비	호스릴 방식의 미분무소화설비 또는 옥외소화전설비를 화재안전기준에 적합하게 설치한 경우
상수도소화용수설비	특정소방대상물의 각 부분으로부터 수평거리 140m 이내에 공공의 소방을 위한 소화전이 화재안전기준에 적합하게 설치되어 있는 경우
자동화재탐지설비	자동화재탐지설비의 기능(감지·수신·경보기능)과 성능을 가진 스프링클러설비 또는 물분무등소화설비를 화재안전기준에 적합하게 설치한 경우

 찐tip 주차장(개방적인 공간) ⇨ CO_2 효과 × ⇨ 물분무등소화설비 대상이지만 스프링클러설비(물) 사용 ⇨ 물분무등소화설비 면제

특정소방대상물의 증축 시의 적용특례

22. 경채

1. 기존 부분과 증축 부분이 내화구조(耐火構造)로 된 바닥과 벽으로 구획된 경우

2. 기존 부분과 증축 부분이 60분 + 방화문으로 구획되어 있는 경우
   ↳ 국토교통부장관이 정하는 기준에 적합한 자동방화셔터를 포함

3. 증축되는 범위가 경미하여 관할 소방본부장 또는 소방서장이 화재 위험도가 낮다고 인정하는 경우

특정소방대상물의 용도변경 시의 적용 특례

22. 경채

1. 특정소방대상물의 구조·설비가 화재연소 확대 요인이 적어지는 경우

2. 피난 또는 화재진압활동이 쉬워지도록 변경되는 경우

3. 천장·바닥·벽 등에 고정되어 있는 가연성 물질의 양이 줄어드는 경우

소방시설을 설치하지 아니할 수 있는 특례

소방시설을 설치하지 아니할 수 있는 특정소방대상물 및 소방시설의 범위		
구분	특정소방대상물	소방시설
화재 위험도가 낮은 특정소방대상물	불연성금속, 석재 등 불연성 물질을 다루는 곳 예 주물공장	옥외소화전 및 연결살수설비
화재안전기준을 적용하기 어려운 특정소방대상물	펄프공장의 작업장, 음료수 공장의 세정 또는 충전 작업장	스프링클러설비, 상수도소화용수설비, 연결살수설비
	정수장, 수영장, 목욕장, 농예·축산·어류양식용 시설	자동화재탐지설비, 상수도소화용수설비, 연결살수설비
화재안전기준을 달리 적용하여야 하는 특수한 용도 또는 구조를 가진 특정소방대상물	원자력발전소, 핵폐기물처리시설	연결살수설비 및 연결송수관설비
자체소방대가 설치된 특정소방대상물	자체소방대가 설치된 위험물 제조소등에 부속된 사무실	옥내소화전설비, 소화용수설비, 연결살수설비 및 연결송수관설비

특정소방대상물별로 설치해야 하는 소방시설 정비 등

21. 경채

1. 대통령령으로 소방시설을 정할 때에는 규모·용도 및 수용인원 등 고려

2. 소방청장은 소방시설 규정을 3년에 1회 이상 정비

3. 소방청장이 정비를 위한 개선방안 마련

4. 필요사항은 행정안전부령으로 정함

건설현장의 임시소방시설 설치 및 관리

1. 특정소방대상물의 시공자는 화재위험작업을 하기 전에 임시소방시설을 설치하고 유지·관리

2. 설치·유지 및 관리자: 시공자

3. 필요사항은 대통령령으로 정함

화재위험작업
- 가연성 가스를 발생시키는 작업
- 용접·용단 등 불꽃 발생 또는 화기를 취급하는 작업
- 열을 발생시키는 기구를 취급하는 작업
- 폭발성 부유분진을 발생시킬 수 있는 작업
- 소방청장이 정하여 고시하는 작업

임시소방시설의 종류와 설치기준 등

종류	공사의 종류와 규모	면제되는 경우 ↳기능이 유사하여 인정
소화기 ↳소화기구 ×	건축허가 등의 대상인 특정소방대상물의 건축·대수선·용도변경·설치 등	면제불가
간이소화장치	• 연면적 3천m² 이상 • 해당 층 바닥면적 600m² 이상인 지하층 또는 무창층 및 4층 이상의 층	• 옥내소화전 • 소화기(연결송수관설비, 연소방지설비 방수구 인근)
비상경보장치	• 연면적 400m² 이상 • 해당 층 바닥면적 150m² 이상인 지하층 또는 무창층	• 비상방송설비 • 자동화재탐지설비
간이피난유도선	바닥면적 150m² 이상인 지하층 또는 무창층	• 피난유도선 • 피난구유도등, 통로유도등 ↳객석 포함 × • 비상조명등
비상조명등	바닥면적 150m² 이상인 지하층 또는 무창층	-
방화포	용접·용단작업 진행하는 모든 작업장	-

피난시설,
방화구획 및
방화시설의
관리

1. 특정소방대상물의 관계인 금지 행위

   ┌ 피난시설, 방화구획 및 방화시설 폐쇄·훼손

   ├ 피난시설, 방화구획 및 방화시설 주위에 물건을 쌓아두거나 장애물 설치

   ├ 피난시설, 방화구획 및 방화시설 용도에 장애를 주거나 소방활동에 지장

   └ 피난시설, 방화구획 및 방화시설 변경

2. 조치권자: 소방본부장 또는 소방서장
   ↳ 벌칙: 과태료 300만원 이하

3. 용어

   ┌ 피난시설: 계단, 복도, 출입구(비상구), 옥상광장, 기타 피난시설, 피난과 소방상 필요한 통로

   ├ 방화구획: 연소 확대 방지를 위한 층별·면적별·용도별 방화구획

   └ 방화시설: 방화벽 및 방화문 등

소방용품의
내용연수 등

1. 관계인은 내용연수가 경과한 소방용품을 교체

2. 필요사항은 대통령령으로 정함

3. 소방용품의 성능을 확인받은 경우에는 사용기한 연장 가능

4. 내용연수 설정대상 소방용품: 분말형태의 소화약제를 사용하는 소화기(10년)

소방기술심의
위원회
   ↳ 대통령령으로 정함
   `19. 경채,`
   `23. 공채·경채`

1. 중앙소방기술심의위원회

   ┌ 설치: 소방청

   ├ 구성: 성별 고려하여 위원장 포함 60명 이내
   │   ↳ 소방청장이 임명
   ├ 위원: 과장급 직위 이상, 소방기술사, 소방시설관리사, 석사 이상의 소방 관련 학위 소지자,
   │ 소방 관련 업무·연구·교육경력 5년 이상(임기 2년)
   │   ↳ VS 하도급심사위원회(임기 3년)
   └ 중앙위원회 회의 구성: 위원장과 위원장이 지정하는 6명 이상 12명 이하의 위원

2. 지방소방기술심의위원회

   ┌ 설치: 시·도

   ├ 구성: 위원장 포함 5명 이상 9명 이하

   └ 위원: 해당 시·도 소속 소방공무원과 중앙위원회의 구성 위원 중 위촉
     ↳ 시·도지사가 임명

3. 심의사항

중앙소방기술심의위원회	• 화재안전기준
	• 신기술·신공법 등 검토·평가에 고도의 기술이 필요한 경우로서 심의를 요청한 사항
	• 소방시설의 설계 및 공사감리의 방법
	  ↳ vs 수수료, 교육비 등: 행정안전부령
	• ☆소방시설공사의 하자를 판단하는 기준(대통령령으로 정하는 사항)
	  ┌ ☆연면적 10만m² 이상의 하자
	  ├ 새로운 소방시설과 소방용품 등의 도입 여부
	  └ 소방청장이 심의에 부치는 사항

지방소방기술심의위원회	• 소방시설에 하자가 있는지의 판단에 관한 사항
	• 대통령령으로 정하는 사항
	  ┌ 연면적 10만m² 미만의 하자
	  ├ 소방본부장 또는 소방서장이 기술검토를 요청한 사항
	  └ 시·도지사가 심의에 부치는 사항

4. 위원의 해임·해촉 사유

- 심신장애
- 직무관련 비위사실
- 직무태만, 품위손상
- 제척 해당 위원이 회피하지 아니한 경우
- 직무 수행이 곤란하다고 의사를 밝히는 경우

화재안전기준의 관리·운영

1. 관리·운영자: 소방청장

2. 수행 업무(화재안전기준)

- 제정·개정 및 운영
- 연구·개발 및 보급
- 검증 및 평가
- 정보체계 구축
- 교육 및 홍보
- 국외 제도·정책 동향 조사·분석
- 발전을 위한 국제협력
- 그 밖에 대통령령으로 정하는 사항

방염대상 특정소방대상물
19. 공채, 20. 경채

1. 근린생활시설 중 의원·체력단련장·공연장·종교집회장·조산원·산후조리원

2. 옥내에 있는 문화 및 집회시설·운동시설·종교시설 → 수영장 제외

3. 숙박시설, 의료시설, 방송통신시설 중 방송국 및 촬영소

4. 노유자시설 및 숙박이 가능한 수련시설, 교육연구시설 중 합숙소

5. 다중이용업소

6. 층수가 11층 이상인 것

방염대상물품

1. 창문에 설치하는 커텐류 → 블라인드 포함

2. 카페트, 벽지류, 붙박이 가구류
    └ 두께 2mm 미만의 종이벽지류 제외

제조·가공 ◀

3. 전시용·무대용 합판 또는 섬유판

4. 암막·무대막 → 영화상영관, 가상체험체육시설업 스크린 포함

5. ★ 단란주점영업, 유흥주점영업 및 노래연습장업의 섬유류·합성수지류 소파·의자

6. 실내장식물 → 집기류, 너비 10cm 이하 반자돌림대 제외

    ┌ 두께 2mm 이상 종이류·합성수지류 또는 섬유류를 주원료로 한 물품

    ├ 합판, 목재

천장 ◀├ 간이 칸막이

    └ 흡음재 또는 방음재 → 흡음·방음용 커텐류 포함

 찐tip
- 선처리: 제조, 가공 시 방염처리
- 후처리: 현장에서 방염처리
- 선처리·후처리 방염대상물품, 천장과 벽에 부착하는 방염대상물품으로 구분

방염성능기준
└ 소방청장 고시
20. 경채, 22. 공채

1. 잔염시간: 불꽃을 올리며 연소하는 상태가 그칠 때까지 20초 이내

2. 잔신시간: 불꽃을 올리지 않고 연소하는 상태가 그칠 때까지 30초 이내

3. 탄화면적: 50cm^2 이내

4. 탄화길이: 20cm 이내

5. 접염횟수: 3회 이상(용융)

6. 최대연기밀도: 400 이하

방염 권장	1. 방염권장 특정소방대상물
	┗→ 다중이용업소, 숙박시설, 의료시설, 노유자시설, 장례시설 중 장례식장
	2. 방염권장 물품: 침구류, 소파, 의자·가구류
	3. 방염권장자: 소방본부장, 소방서장

방염성능의 검사	1. 제조·가공 시 방염 처리하는 방염대상물품 검사: 소방청장
	2. 대통령령으로 정하는 방염대상물품 검사: 시·도지사
	┗→ 방염대상물품 중 설치 현장에서 방염 처리하는 합판·목재
	3. 필요사항은 행정안전부령으로 정함

 찐 tip
- 수수료: 행정안전부령
- 후처리는 시·도지사, 선처리는 소방청장

◎ 중요 기출지문 모음 zip

1. 건축허가등의 동의대상물의 범위는 차고·주차장으로 사용되는 바닥면적이 200m² 이상인 층이 있는 건축물이나 주차시설, 노유자시설 및 수련시설 중 200m² 이상인 건축물, 항공기격납고, 관망탑, 방송용 송·수신탑, 「학교시설사업 촉진법」에 따라 건축 등을 하려는 학교시설 중 100m² 이상인 건축물이다.

2. 소방시설 중 옥내소화전설비, 스프링클러설비, 물분무등소화설비는 내진설계기준에 맞게 소방시설을 설치하여야 한다.

3. 연면적 3만m² 이상인 특정소방대상물로서 공항시설, 철도·도시철도시설은 성능위주설계를 하여야 하는 대상이다.

4. 주택용 소방시설이란 소화기 및 단독경보형감지기를 말한다.

5. 스프링클러설비는 임시소방시설에 해당하지 않는다.

6. 연면적 10만m² 이상의 특정소방대상물에 설치된 소방시설의 설계·시공·감리의 하자 유무에 관한 사항은 중앙소방기술심의위원회의 심의사항이다.

7. 방염성능기준은 버너에 불꽃을 제거한 때부터 불꽃을 올리며 연소하는 상태가 그칠 때까지 시간은 20초 이내, 버너에 불꽃을 제거한 때부터 불꽃을 올리지 아니하고 연소하는 상태가 그칠 때까지 시간은 30초 이내, 탄화한 면적은 50cm² 이내, 탄화된 길이는 20cm 이내, 불꽃에 의하여 완전히 녹을 때까지 불꽃의 접촉 횟수는 3회 이상일 것, 소방청장이 정하여 고시하는 방법으로 발연량을 측정하는 경우 최대연기밀도는 400 이하이다.

8. 운동시설(단, 수영장 제외)은 방염성능기준 이상의 방염대상물품을 설치하여야 하는 특정소방대상물이다.

03 소방시설등의 자체점검

자체점검의 구분	1. 작동점검: 인위적 조작으로 정상 작동 여부 점검 2. 종합점검: 화재안전기준 및 관련 법령에 적합 여부 점검 　┌ 최초점검: 건축물을 사용할 수 있게 된 날부터 60일 이내 점검 　└ 그 밖의 종합점검: 최초점검을 제외한 종합점검
자체점검의 대상(종합점검)	1. 스프링클러설비가 설치된 특정소방대상물 2. 물분무등소화설비가 설치된 연면적 5천m² 이상인 특정소방대상물 　↳ 위험물 제조소등 제외 3. 공공기관: 연면적 1천m² 이상 　↳ 옥내소화전, 자동화재탐지설비 4. 다중이용업소(8개 업종): 연면적 2천m² 이상 5. 터널(제연설비)
작동점검 제외 대상	1. 미선임(소방안전관리자) 2. 위험물 제조소등 3. 특급소방안전관리대상물
자체점검의 횟수 및 시기	1. 최초점검 　┌ 횟수: 최초 한번 　└ 시기: 건축물의 사용승인을 받은 날로부터 60일 이내 2. 작동점검 　┌ 횟수: 연 1회 이상 실시 　└ 시기: 종합점검대상은 종합점검을 받은 달부터 6월이 되는 달에 실시, 그 밖의 대상은 연중실시

3. 종합점검

횟수	• 연 1회 이상 ↳ 특급 소방안전관리대상물은 반기 1회 이상 • 학교: 사용승인일이 1월~6월인 경우 6월 30일까지 실시 • 면제: 소방청장이 소방안전관리가 우수하다고 인정한 특정소방대상물 • 면제기간: 3년의 범위
시기	건축물 사용승인일

자체점검의 제출 및 보고

1. 관리업자 또는 소방안전관리자로 선임된 소방시설관리사 및 소방기술사는 점검이 끝난 날로부터 10일 이내에 자체점검 실시결과 보고서를 관계인에게 제출

2. 관계인은 점검이 끝난 날로부터 15일 이내에 자체점검 실시결과 보고서에 자체점검 결과 이행계획서를 첨부하여 소방본부장 또는 소방서장에게 보고

점검인력 1단위

1. 관리업자 점검 시: 소방시설관리사 또는 특급점검자 1명과 보조인력 2명

2. 선임된 소방시설관리사 또는 소방기술사 점검 시: 소방시설관리사 또는 소방기술사 1명과 보조인력 2명

3. 관계인 또는 소방안전관리자가 점검 시: 관계인 또는 소방안전관리자 1명과 보조인력 2명

점검인력 배치 (관리업자 점검인 경우)

구분	주된 기술인력	보조 기술인력
가. 50층 이상 또는 성능위주설계를 한 특정소방대상물	소방시설관리사 경력 5년 이상 1명 이상	고급점검자 이상 1명 이상 및 중급점검자 이상 1명 이상
나. 특급 소방안전관리대상물 (가목의 특정소방대상물은 제외)	소방시설관리사 경력 3년 이상 1명 이상	고급점검자 이상 1명 이상 및 초급점검자 이상 1명 이상
다. 1급 또는 2급 소방안전관리대상물	소방시설관리사 1명 이상	중급점검점검자 이상 1명 이상 및 초급점검자 이상 1명 이상
라. 3급 소방안전관리대상물	소방시설관리사 1명 이상 (특급점검자를 배치 가능)	초급점검자 이상의 기술인력 2명 이상

| 점검한도면적 | 1. 종합점검: 8,000m² (보조기술인력 1명 추가 시 2천m² 더할 것) |
| | 2. 작동점검: 10,000m² (보조기술인력 1명 추가 시 2천5백m² 더할 것) |

점검한도세대	1. 종합점검: 250세대
	2. 작동점검: 250세대
	3. 보조기술인력 1명 추가: 60세대 더할 것

🎯 중요 기출지문 모음 zip

1. 스프링클러설비가 설치된 특정소방대상물은 종합점검을 받아야 한다.

2. 제연설비가 설치된 터널은 종합점검을 받아야 한다.

3. 자체점검시 점검인력 배치기준에서 점검인력 1단위가 하루 동안 점검할 수 있는 작동점검의 점검한도면적은 10,000m²이다.

4. 3급 소방안전관리대상물의 작동점검 시 점검자는 해당 관계인, 소방안전관리자로 선임된 소방기술사 또는 소방시설관리사, 소방시설관리업에 등록된 소방시설관리사 또는 특급점검자이다.

소방시설관리사 시험

1. 응시자격
   - 소방기술사·위험물기능장·건축사·건축기계설비기술사·건축전기설비기술사 또는 공조냉동 기계기술사
   - 소방설비기사
   - 소방설비산업기사
   - 이공계 분야를 전공하고 박사학위를 취득한 사람
   - 소방안전공학 분야를 전공한 후 석사학위 취득 또는 소방실무경력 2년 이상
     ┕▶ 소방방재공학, 안전공학 포함
   - 소방실무경력이 3년 이상인 사람

2. 시험위원 ▶ 출제위원: 과목별 3명, 채점위원: 과목별 5명 이내
   - 소방 관련 분야의 박사
   - 소방안전 관련 학과 조교수 이상으로 2년 이상 재직
   - 소방위 이상의 소방공무원
   - 소방시설관리사
   - 소방기술사

3. 합격자 결정
   - 제1차시험: 모든 과목의 점수 40점 이상, 전 과목 평균 점수 60점 이상
   - 제2차시험: 최고·최저 점수를 제외한 모든 과목 점수 40점 이상, 전 과목 평균 점수 60점 이상

4. 소방시설관리사증
   - 발급: 합격자 공고일로부터 1개월 이내
   - 재발급: 3일 이내

5. 부정행위자에 대한 제재: 소방청장은 시험에서 부정한 행위를 한 응시자에 대하여는 그 시험을 정지 또는 무효로 하고, 처분이 있은 날부터 2년간 시험 응시자격을 정지

소방시설관리사의 결격사유

1. 피성년후견인 → 피한정후견인 ✕

2. 금고 이상의 실형을 선고받고 그 집행이 끝나거나 면제된 날부터 2년이 지나지 아니한 사람

3. 금고 이상의 형의 집행유예를 선고받고 그 유예기간 중에 있는 사람

4. 자격이 취소된 날부터 2년이 지나지 아니한 사람

소방시설관리사 자격의 취소·정지

└→ 1년 이내 자격정지
(자격정지·취소 시 청문 실시)

`19. 공채`

1. 거짓이나 그 밖의 부정한 방법으로 시험에 합격한 경우

2. 소방시설관리사증을 다른 자에게 빌려준 경우

3. 동시에 둘 이상의 업체에 취업한 경우 ┐
 ├→ 1차 행정처분 시 취소
4. 결격사유에 해당하는 경우 ┘

5. 소방안전관리 업무를 하지 아니하거나 거짓으로 한 경우

6. 점검을 하지 아니하거나 거짓으로 한 경우

7. 성실하게 자체점검 업무를 수행하지 아니한 경우

소방시설관리업의 등록

└→ 소방시설의 점검·관리·유지, 설치 포함 ✕

`23. 공채 · 경채`

1. 등록권자: 시·도지사

 ┌ 기술 인력, 장비 등 관리업의 등록기준에 관하여 필요한 사항은 대통령령으로 정함
 └ 관리업의 등록에 필요한 사항은 행정안전부령으로 정함

2. 등록증 및 등록수첩 발급: 시·도지사

 ┌ 심사서류 보완: 10일 이내
 └ 재교부: 3일 이내

3. 벌칙: 징역 3년 이하

소방시설관리업의 업종별 등록기준 및 영업범위

- 전문소방시설관리업
  - 주된 기술인력: 소방시설관리사 2명 이상(경력 5년 이상, 3년 이상 각 1명 이상)
  - 보조 기술인력: 6명 이상(고급, 중급, 초급 각 2명)
  - 영업범위: 모든 특정소방대상물
- 일반소방시설관리업
  - 주된 기술인력: 소방시설관리사 1명 이상(경력 1년 이상)
  - 보조 기술인력: 2명 이상(중급, 초급 각 1명)
  - 영업범위: 1급, 2급, 3급 소방안전관리대상물

| 소방시설관리업의
등록사항변경신고 | 1. 중요 사항이 변경되었을 때에는 시·도지사에게 변경사항 신고 |
| | 2. 변경일부터 30일 이내에 소방시설관리업 등록사항변경신고서 및 첨부서류를 시·도지사에게 제출 |

소방시설관리업의
등록사항변경신고

1. 중요 사항이 변경되었을 때에는 시·도지사에게 변경사항 신고

2. 변경일부터 30일 이내에 소방시설관리업 등록사항변경신고서 및 첨부서류를 시·도지사에게 제출

    ┌ 명칭·상호 또는 영업소재지 변경: 소방시설관리업등록증 및 등록수첩

    ├ 대표자 변경: 소방시설관리업등록증 및 등록수첩

    └ 기술인력 변경: 소방시설관리업등록수첩, 변경된 기술인력의 기술자격증(자격수첩), 기술인력
      연명부   ↳ 등록증 ✗

> 변경신고 사항 및 제출서류 - 상. 명. 대. 기. 소
> - 상호
> - 명칭
> - 대표자
> - 기술인력
> - 영업소재지

소방시설관리
업자의 지위
승계

1. 지위를 승계한 자는 시·도지사에게 신고

    ┌ 사망한 경우 그 상속인

    ├ 영업 양도한 경우 그 양수인

    └ 합병한 경우 합병 후 존속하는 법인이나 합병으로 설립되는 법인

2. 지위를 승계한 날부터 30일 이내에 시·도지사에게 신고

3. 관리업의 시설 및 장비의 전부를 인수한 자는 그 관리업자의 지위를 승계

소방시설관리업의
운영

1. 관리업의 등록증이나 등록수첩 대여 금지

2. 특정소방대상물의 관계인에게 지체 없이 사실 통보

    ┌ 관리업자의 지위를 승계한 경우

    ├ 관리업의 등록취소 또는 영업정지처분을 받은 경우

    └ 휴업 또는 폐업한 경우

3. 자체점검, 소방안전관리 업무 대행 시 행정안전부령으로 정하는 바에 따라 기술인력 참여시켜
야 함

4. 등록취소, 영업정지 처분 시 그날부터 영업하지 않을 것(단, 도급계약 유지 시 영업 가능)

점검능력 평가 및 공시

1. 소방청장은 관계인 또는 건축주가 적정한 관리업자를 선정할 수 있도록 관리업자의 신청이 있는 경우 해당 관리업자의 점검능력을 종합적으로 평가하여 공시

  ┌ 신청자에 한정 → 의무 ×
  └ 유효기간 1년

2. 소방시설등의 점검실적을 증명하는 서류 등을 소방청장에게 제출
  └→ 보완기간: 허가등의 4일 이내, 등록 10일 이내, 평가·공시 15일 이내

3. 평가항목: 대행실적, 점검실적, 기술력, 경력, 신인도 → 점검장비 포함 ×

소방시설관리업 등록의 취소와 영업정지
`21. 경채`

1. 취소·정지권자: 시·도지사
  ┌→ vs 자격정지는 1년 이내
2. 취소 또는 6개월 이내의 기간을 정하여 이의 시정이나 그 영업의 정지를 명할 수 있음

행정처분(시행규칙) ◄─┐
1차 취소

  ┌─ 거짓이나 그 밖의 부정한 방법으로 등록한 경우
  ├─ 결격사유에 해당하게 된 경우
  │   └→ 해당하게 된 날부터 2개월 이내에 결격사유 없는 임원으로 바꾼 경우 제외
  ├─ 등록증이나 등록수첩을 빌려준 경우
  │   └→ vs 「소방시설공사업법」에서는 취소사유 아님(정지기간 중에 문제 생기면 취소)

1차 경고(시정명령), ◄─── 점검을 하지 아니하거나 거짓으로 한 경우
2차 3개월 영업정지,
3차 등록취소   └─ 등록기준에 미달하게 된 경우

소방시설관리업 관련 과징금 처분

1. 부과권자: 시·도지사

2. 영업정지가 국민에게 심한 불편을 주거나 공익을 해칠 우려가 있을 때 영업정지처분을 갈음하여 3천만원 이하의 과징금 부과 가능
  └→ vs 위험물제조소등, 소방시설업 2억원 이하

3. 필요사항은 행정안전부령으로 정함 → vs 과태료는 대통령령으로 정함

◎ 중요 기출지문 모음 zip

1. 소방시설관리사의 자격을 반드시 취소하여야 하는 사유는 거짓이나 그 밖의 부정한 방법으로 시험에 합격한 경우, 소방시설관리사증을 다른 사람에게 빌려준 경우, 동시에 둘 이상의 업체에 취업한 경우, 결격사유에 해당하게 된 경우이다.

2. 소방시설관리업의 업무는 소방시설등의 점검 및 관리, 소방안전관리업무의 대행이다.

3. 등록사항의 변경 사유는 상호, 명칭, 영업소 소재지, 대표자, 기술인력이다.

4. 시·도지사는 영업정지를 명하는 경우로서 그 영업정지가 이용자에게 불편을 주거나 그 밖에 공익을 해칠 우려가 있을 때에는 영업정지처분을 갈음하여 3천만원 이하의 과징금을 부과할 수 있다.

**소방용품의
형식승인**

1. 대통령령으로 정하는 소방용품을 제조하거나 수입하려는 자는 소방청장의 형식승인을 받아야 함
   ↳ 송수구, 누전경보기, 가스누설경보기 포함, 소화약제 이외의 것을 이용한 간이소화용구 및 상업용 주방소화장치 제외

2. 형식승인을 받은 자는 그 소방용품에 대하여 소방청장이 실시하는 제품검사를 받아야 함

3. 판매·진열·공사에 사용할 수 없는 경우(시중유통)
   ↳ 위반 시 소방청장, 소방본부장 또는 소방서장이 수거·폐기·교체 등 행정안전부령으로 필요한 조치 가능

   ┌ 형식승인을 받지 아니한 것
   ├ 형상 등을 임의로 변경한 것 ⇨ 소방청장의 변경승인 필요
   └ 제품검사를 받지 아니하거나 합격표시를 하지 아니한 것

4. 형식승인 및 성능인증의 예외

   ┌ 새로운 기술이 적용된 제품의 경우: 관련 전문가의 평가를 거쳐 다른 방법 및 절차로 형식승인 가능
   ├ 외국의 공인기관으로부터 인정받은 신기술 제품의 경우: 형식승인을 위한 시험 중 일부 생략 가능
   ├ 공인기관의 평가결과가 있는 경우: 형식승인 및 제품검사 시험 중 일부만 적용 가능
   │ ↳ 군수품, 주한외국공관 또는 주한외국군 부대에서 사용되는 소방용품, 외국의 차관이나 국가 간의 협약 등에 의하여 건설되는 공사에 사용하는 소방용품, 소방청장이 인정하는 것
   └ 하나의 소방용품에 두 가지 이상의 형식승인 사항 또는 형식승인과 성능인증사항이 결합된 경우: 형식승인과 성능인증시험 함께 실시하고 하나의 형식승인 가능

 찐tip 소방용품의 품질관리에 관한 대부분의 권한은 소방청장!

소방용품 형식승인의 취소

1차 처분 취소 ←

1. 형식승인 취소 또는 6개월 이내의 기간을 정하여 제품검사 중지

  ┌ 거짓이나 그 밖의 부정한 방법으로 형식승인 받은 경우

  ├ 거짓이나 그 밖의 부정한 방법으로 제품검사 받은 경우

  ├ 변경승인을 받지 않거나 거짓이나 그 밖의 부정한 방법으로 변경승인 받은 경우

  ├ 시험시설의 시설기준에 미달되는 경우

  └ 제품검사 시 기술기준에 미달되는 경우

2. 형식승인이 취소된 자는 취소된 날부터 2년 이내에는 취소된 동일 품목에 대하여 형식승인을 받을 수 없음

소방용품의 우수품질 제품에 대한 인증

1. 소방청장은 품질이 우수하다고 인정하는 소방용품에 대하여 인증 가능

  └▸ 의무 ✗

2. 유효기간: 5년의 범위에서 행정안전부령으로 정함

소방용품 수집검사

1. 소방청장은 소방용품의 품질관리를 위하여 필요하다고 인정할 때에는 유통 중인 소방용품을 수집하여 검사 가능

2. 소방청장은 중대한 결함이 있다고 인정하는 소방용품에 대하여는 회수·교환·폐기 또는 판매중지를 명하고 형식승인 또는 성능인증 취소 가능

◎ 중요 기출지문 모음 zip

1. 소방용품을 제조하거나 수입하려는 자는 소방청장의 형식승인을 받아야 한다.

2. 거짓이나 그 밖의 부정한 방법으로 형식승인을 받은 경우에는 행정안전부령으로 정하는 바에 따라 반드시 그 형식승인을 취소하여야 한다.

3. 우수품질인증의 유효기간은 5년의 범위에서 행정안전부령으로 정한다.

4. 소방청장은 소방용품의 품질관리를 위하여 필요하다고 인정할 때에는 유통 중인 소방용품을 수집하여 검사할 수 있다.

제품검사 전문 기관의 지정 등

1. 지정자: 소방청장

2. 지정 방법 및 절차 등 필요 사항은 행정안전부령으로 정함

3. 전문기관은 행정안전부령에 따라 제품검사 실시 현황을 소방청장에게 보고

4. 지정 취소: 거짓, 부정한 방법으로 지정을 받은 경우

청문
21. 경채

1. 소방청장 또는 시·도지사는 취소 및 정지 처분을 하려면 청문을 실시 → vs「위험물안전관리법」
　　　　　　　　　　　　　　　　　　　　　　　　　　　　　　　에서는 취소만 청문 대상
┌ 소방청장 청문권한: 소방용품, 제품검사 전문기관, 관리사
└ 시·도지사 청문권한: 소방시설관리업 취소·정지
　　　　　　└▶ 소방안전관리자 자격취소 포함 ✕

2. 대상
┌ 관리사 자격의 취소 및 정지 ⇨ 소방청장
├ 관리업의 등록취소 및 영업정지 ⇨ 시·도지사
├ 소방용품의 형식승인 취소 및 제품검사 중지 ┐
├ 성능인증의 취소
│　　　　　　　　　　　　　　　　　　　⇨ 소방청장
├ 우수품질인증의 취소
└ 전문기관의 지정 취소 및 업무정지 ┘

권한 위임·위탁	소방청장은 한국소방산업기술원에 위탁 가능(필요경비 일부 보조 → 연구·개발)

┌ 방염성능검사 중 대통령령으로 정하는

검사

├ 소방용품의 형식승인

├ 형식승인의 변경승인

├ 형식승인의 취소

├ 성능인증 및 성능인증의 취소

├ 성능인증의 변경인증

└ 우수품질인증 및 취소

> **권한의 위임·위탁**
> - 소방안전관리에 대한 교육업무: 소방청장이 안전원에 위탁
> - 소방용품의 성능인증업무: 소방청장이 기술원에 위탁
> - 소방용품에 대한 우수품질 인증업무: 소방청장이 기술원에 위탁

조치명령 연기 사유

1. 재난 발생

2. 감염병 발생

3. 소유권 변동 중, 변동

4. 질병, 사고, 장기출장 등

5. 다수의 관계인으로 구성

6. 소방관서장이 기간 내 이행하기 어렵다고 인정한 경우

위반행위의 신고 및 신고 포상금 지급

1. 신고처: 소방본부장, 소방서장

2. 신고 대상

   ┌ 소방시설 설치 또는 관리위반

   ├ 소방시설의 폐쇄·차단 등의 행위위반

   └ 피난시설, 방화구획, 방화시설 행위 위반

3. 포상금 지급: 소방본부장, 소방서장

4. 신고포상금 지급대상, 지급기준, 지급절차 등은 시·도 조례로 정함

1. 가중 사유

    ┌ 고의나 중대한 과실에 의한 것

    └ 위반의 내용 · 정도가 중대하여 관계인에게 미치는 피해가 큰 것

2. 감경 사유

    ┌ 사소한 부주의나 오류 등 과실로 인한 것

    ├ 위반의 내용 · 정도가 경미하여 관계인에게 미치는 피해가 적은 것

    ├ 처음 위반행위를 한 경우로서 5년 이상 관리사의 업무, 소방시설관리업 등을 모범적으로 해 옴

    └ 경미한 위반사항

        ├ 헤드가 살수반경에 미치지 못하는 경우

        ├ 자동화재탐지설비 감지기 2개 이하가 설치되지 않은 경우

        ├ 유도등이 일시적으로 점등되지 않는 경우

        └ 유도표지가 정해진 위치에 붙어 있지 않은 경우

🎯 중요 기출지문 모음 zip

1. 소방청장은 전문기관이 거짓이나 그 밖의 부정한 방법으로 지정을 받은 경우 그 지정을 반드시 취소하여야 한다.

2. 소방청장 또는 시 · 도지사의 청문대상은 관리사 자격의 취소 및 정지, 관리업의 등록취소 및 영업정지, 소방용품의 형식
승인 취소 및 제품검사 중지, 성능인증의 취소, 우수품질인증의 취소, 제품검사전문기관의 지정취소 및 업무정지이다.

07 벌칙

**10년 이하 징역
또는 1억원
이하 벌금**

소방시설을 폐쇄, 차단 등의 행위로 사망한 경우

**7년 이하 징역
또는 7천만원
이하 벌금**

소방시설을 폐쇄, 차단 등의 행위로 상해를 입는 경우

**5년 이하 징역
또는 5천만원
이하 벌금**

소방시설을 폐쇄, 차단 등의 행위를 한 경우

**3년 이하 징역
또는 3천만원
이하 벌금**

1. 법으로 정하는 조치명령을 정당한 사유 없이 위반한 자

2. 관리업의 등록을 하지 아니하고 영업을 한 자

3. 소방용품의 형식승인을 받지 아니하고 소방용품을 제조하거나 수입한 자 또는 거짓이나 그 밖의
   부정한 방법으로 형식승인을 받은 자

4. 제품검사를 받지 아니한 자 또는 거짓이나 그 밖의 부정한 방법으로 제품검사를 받은 자

5. 소방용품을 판매·진열하거나 소방시설공사에 사용한 자

6. 거짓이나 그 밖의 부정한 방법으로 성능인증 또는 제품검사를 받은 자

7. 제품검사를 받지 아니하거나 합격표시를 하지 아니한 소방용품을 판매·진열하거나 소방시설공사에
   사용한 자

8. 구매자에게 명령을 받은 사실을 알리지 아니하거나 필요한 조치를 하지 아니한 자

9. 거짓이나 그 밖의 부정한 방법으로 전문기관으로 지정을 받은 자

1년 이하 징역 또는 1천만원 이하 벌금

1. 점검을 하지 아니하거나 관리업자등으로 하여금 정기적으로 점검하게 하지 아니한 자

2. 소방시설관리사증을 다른 사람에게 빌려주거나 빌리거나 이를 알선한 자

3. 동시에 둘 이상의 업체에 취업한 자

4. 자격정지처분을 받고 그 자격정지기간 중에 관리사의 업무를 한 자

5. 관리업의 등록증이나 등록수첩을 다른 자에게 빌려주거나 빌리거나 이를 알선한 자

6. 영업정지처분을 받고 그 영업정지기간 중에 관리업의 업무를 한 자

7. 제품검사에 합격하지 아니한 제품에 합격표시를 하거나 합격표시를 위조 또는 변조하여 사용한 자

8. 형식승인의 변경승인을 받지 아니한 자

9. 제품검사에 합격하지 아니한 소방용품에 성능인증을 받았다는 표시 또는 제품검사에 합격하였다는 표시를 하거나 성능인증을 받았다는 표시 또는 제품검사에 합격하였다는 표시를 위조 또는 변조하여 사용한 자

10. 성능인증의 변경인증을 받지 아니한 자

11. 우수품질인증을 받지 아니한 제품에 우수품질인증 표시를 하거나 우수품질인증 표시를 위조하거나 변조하여 사용한 자

12. 감독으로 관계인의 정당한 업무를 방해하거나 출입·검사 업무를 수행하면서 알게 된 비밀을 다른 사람에게 누설한 자

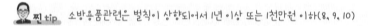 찐tip 소방용품관련은 벌칙이 상향되어서 1년 이상 또는 1천만원 이하(8, 9, 10)

300만원 이하 벌금
`20. 경채`

1. 평가단 및 소방청장의 위탁업무를 수행하면서 알게 된 비밀을 목적 외의 용도로 사용하거나 다른 사람 또는 기관에 제공하거나 누설한 자

2. 방염성능검사에 합격하지 아니한 물품에 합격표시를 하거나 합격표시를 위조하거나 변조하여 사용한 자

3. 거짓 시료를 제출한 자

4. 자체점검 시 필요한 조치를 하지 아니한 관계인 또는 관계인에게 중대위반사항을 알리지 아니한 관리업자등

300만원 이하 과태료

1. 소방시설을 화재안전기준에 따라 설치·관리하지 아니한 자

2. 공사 현장에 임시소방시설을 설치·관리하지 아니한 자

3. 피난시설, 방화구획 또는 방화시설의 폐쇄·훼손·변경 등의 행위를 한 자

4. 방염대상물품을 방염성능기준 이상으로 설치하지 아니한 자

5. 점검능력 평가를 받지 아니하고 점검을 한 관리업자

6. 관계인에게 점검 결과를 제출하지 아니한 관리업자등

7. 점검인력의 배치기준 등 자체점검 시 준수사항을 위반한 자

8. 점검 결과를 보고하지 아니하거나 거짓으로 보고한 자

9. 이행계획을 기간 내에 완료하지 아니한 자 또는 이행계획 완료 결과를 보고하지 아니하거나 거짓으로 보고한 자

10. 점검기록표를 기록하지 아니하거나 특정소방대상물의 출입자가 쉽게 볼 수 있는 장소에 게시하지 아니한 관계인

11. 변경 및 지위승계 신고를 하지 아니하거나 거짓으로 신고한 자

12. 지위승계, 행정처분 또는 휴업·폐업의 사실을 특정소방대상물의 관계인에게 알리지 아니하거나 거짓으로 알린 관리업자

13. 소속 기술인력의 참여 없이 자체점검을 한 관리업자

14. 점검실적을 증명하는 서류 등을 거짓으로 제출한 자

15. 보고 또는 자료제출을 하지 아니하거나 거짓으로 보고 또는 자료제출을 한 자 또는 정당한 사유 없이 관계 공무원의 출입 또는 검사를 거부·방해 또는 기피한 자

과태료 부과·징수
대통령령으로 정하는 바에 따라 소방청장, 시·도지사, 소방본부장 또는 소방서장이 부과·징수

🎯 중요 기출지문 모음 zip

1. 소방시설 폐쇄·차단(점검, 정비 제외)의 행위를 한 자는 5년 이하의 징역 또는 5천만원 이하의 벌금, 행위로 사람을 상해에 이르게 한 때는 7년 이하의 징역 또는 7천만원 이하의 벌금, 행위로 사망에 이르게 한 때는 10년 이하의 징역 또는 1억원 이하의 벌금에 처한다.

2. 소방시설을 설치하지 않은 경우 과태료 300만원에 처한다.

3. 임시소방시설을 설치·유지·관리하지 않은 경우 과태료 300만원에 처한다.

목적

위험물의 저장·취급 및 운반과 이에 따른 안전관리에 관한 사항을 규정함으로써 위험물로 인한 위해를 방지하여 공공의 안전을 확보

정의

20. 공채

┌→ 폭발성 ×

1. 위험물: 인화성 또는 발화성 등의 성질(산화성, 가연성, 금수성, 자기반응성 등)을 가지는 것으로서 대통령령이 정하는 물품
   └→ 어떤 환경의 조건이라도 위험한 물질 ×

2. 지정수량: 위험물의 종류별로 위험성을 고려하여 대통령령이 정하는 수량으로서 제조소등의 설치허가 등에 있어서 최저의 기준이 되는 수량

3. 제조소: 위험물을 제조할 목적으로 지정수량 이상의 위험물을 취급하기 위하여 허가를 받은 장소

4. 저장소: 지정수량 이상의 위험물을 저장하기 위한 대통령령이 정하는 장소로서 허가를 받은 장소

5. 취급소: 지정수량 이상의 위험물을 제조 외의 목적으로 취급하기 위한 대통령령이 정하는 장소로서 허가를 받은 장소

6. 제조소등: 제조소·저장소 및 취급소
   └→ 판매소 포함 ×

위험물 및 지정수량

19 · 20. 공채,
23. 경채

위험물 및 지정수량

위험물			지정수량	위험등급
유별	성질	품명		
제1류	산화성 고체	1. 아염소산염류	50kg	I
		2. 염소산염류	50kg	
		3. 과염소산염류	50kg	
		4. 무기과산화물	50kg	
		5. 브롬산염류	300kg	II
		6. 질산염류	300kg	
		7. 요오드산염류	300kg	
		8. 과망간산염류	1천kg	
		9. 중크롬산염류	1천kg	
		10. 그 밖에 행정안전부령으로 정하는 것 (크롬, 납, 요오드의 산화물) ↳ 과요오드산염류, 과요오드산, 아질산염류, 차아염소산염류, 염소화이소시아눌산(유기화합물), 퍼옥소이황산염류, 퍼옥소붕산염류	50kg, 300kg 또는 1천kg	III
제2류	가연성 고체	1. 황화린(SP)	100kg	II
		2. 적린(P) ↳ vs 황린은 3류 주수소화	100kg	
		3. 유황(S) ↳ 60wt% 이상인 것, 주수소화	100kg	
		4. 철분(Fe) ↳ 분말로서 53㎛ 표준체 통과하는 것 ↳ 50 미만 제외	500kg	III
		5. 금속분(Al, Zn) ↳ 150㎛ 통과하는 것 ↳ 50 이상 위험물, 50 미만 제외	500kg	
		6. 마그네슘(Mg) ↳ 알칼리 토금속, 2mm의 체 통과하지 않는 것, 덩어리상태 제외	500kg	
		7. 인화성고체 ↳ 인화점이 40℃ 미만인 고체: 락카퍼티, 고무풀, 고형알코올, 제3부틸알코올	1천kg	

제3류	자연발화성 물질 및 금수성 물질	1. 칼륨 → 석유에 저장	10kg	I
		2. 나트륨	10kg	
		3. 알킬알루미늄 → 금수성·자연발화성 동시에 가짐, 책임자 동승요함	10kg	
		4. 알킬리튬	10kg	
		5. 황린 ↳ 공기 중 자연발화, 공기와 접촉차단	20kg	
		6. 알칼리금속(칼륨 및 나트륨 제외) 및 알칼리토금속(Li)	50kg	II
		7. 유기금속화합물(알킬알루미늄 및 알킬리튬 제외) ↳ +H_2O = 메탄 또는 에탄	50kg	
		8. 금속의 수소화물	300kg	III
		9. 금속의 인화물 ↳ +H_2O = 포스핀(인화수소)PH_3	300kg	
		10. 칼슘 또는 알루미늄의 탄화물(CH_4 생성) ↳ vs CaC_2 카바이트(탄화칼슘) +H_2O=아세틸렌C_2H_2(아세톤 보관)	300kg	
제4류	인화성 액체	1. 특수인화물 ↳ 이황화탄소, 디에틸에테르(인화점 최저), 아세트알데히드, 산화프로필렌 등	50L	I
		2. 제1석유류 | 비수용성액체 (휘발유)	200L	II
		2. 제1석유류 | 수용성액체 (아세톤)	400L	
		3. 알코올류	400L	
		4. 제2석유류 | 비수용성액체	1천L	III
		4. 제2석유류 | 수용성액체	2천L	
		5. 제3석유류 | 비수용성액체	2천L	
		5. 제3석유류 | 수용성액체	4천L	
		6. 제4석유류	6천L	
		7. 동식물유류	1만L	

CmHn의 화합물, 유기화합물 ← 제4류

	제5류	자기 반응성 물질	1. 유기과산화물	10kg	I
			2. 질산에스테르류 └→ 질산메틸, 질산에틸 포함: 니트 로셀룰로오스(NC), 니트로글리 세린(NG)	10kg	
			3. 히드록실아민	100kg	II
			4. 히드록실아민염류	100kg	
			5. 니트로화합물 → TNT, TNP, DNT	200kg	
			6. 니트로소화합물	200kg	
			7. 아조화합물	200kg	III
			8. 디아조화합물	200kg	
			9. 히드라진 유도체	200kg	
			10. 그 밖에 행정안전부령으로 정하는 것 (금속의 아지화합물 질산구아니딘)	10kg, 100kg 또는 200kg	
	제6류	산화성 액체	1. 과염소산(HClO$_4$)	300kg	
			2. 과산화수소(H$_2$O$_2$)	300kg	
			3. 질산(HNO$_3$)	300kg	
			4. 그 밖에 행정안전부령으로 정하는 것 (할로겐간 화합물)	300kg	

주수소화가능 ←— 제5류

조연성, 타는 것을 ←— 제6류
도와줌

 찐 tip

- 특수가연물: 위험물은 아니나 화재가 발생하는 경우 화재의 확대가 빠른 고무류, 면화류, 석탄 및 목탄 등의 물품
- 아세트알데히드 등: 아세트알데히드, 산화프로필렌·보냉장치, 봉입장치(불활성 기체 수증기), 금속사용 금지(Mg, Cu, Ag, Hg)
- 히드록실아민 등: 히드록실아민, 히드록실아민염류·안전거리(m)=51.1$\sqrt[3]{N}$ 지정수량의 배수)
- 알킬알루미늄 등: 알킬알루미늄, 알킬리튬·봉입장치(불활성기체만)

위험물 및 지정수량 비고

1. "산화성고체"라 함은 고체[액체(1기압 및 섭씨 20도에서 액상인 것 또는 섭씨 20도 초과 섭씨 40도 이하에서 액상인 것을 말한다. 이하 같다) 또는 기체(1기압 및 섭씨 20도에서 기상인 것을 말한다) 외의 것을 말한다. 이하 같다]로서 산화력의 잠재적인 위험성 또는 충격에 대한 민감성을 판단하기 위하여 소방청장이 정하여 고시하는 시험에서 고시로 정하는 성질과 상태를 나타내는 것을 말한다. 이 경우 "액상"이라 함은 수직으로 된 시험관(안지름 30mm, 높이 120mm의 원통형유리관을 말한다)에 시료를 55mm까지 채운 다음 당해 시험관을 수평으로 하였을 때 시료액면의 선단이 30mm를 이동하는 데 걸리는 시간이 90초 이내에 있는 것을 말한다.

2. "가연성고체"라 함은 고체로서 화염에 의한 발화의 위험성 또는 인화의 위험성을 판단하기 위하여 고시로 정하는 시험에서 고시로 정하는 성질과 상태를 나타내는 것을 말한다.

3. 유황은 순도가 60중량퍼센트 이상인 것을 말한다. 이 경우 순도측정에 있어서 불순물은 활석 등 불연성물질과 수분에 한한다.

4. "철분"이라 함은 철의 분말로서 53마이크로미터의 표준체를 통과하는 것이 50중량퍼센트 미만인 것은 제외한다.

5. "금속분"이라 함은 알칼리금속·알칼리토류금속·철 및 마그네슘 외의 금속의 분말을 말하고, 구리분·니켈분 및 150마이크로미터의 체를 통과하는 것이 50중량퍼센트 미만인 것은 제외한다.

6. 마그네슘 및 제2류 제1호 ~ 제6호의 1에 해당하는 어느 하나 이상을 함유한 물품 중 마그네슘을 함유한 것에 있어서는 다음에 해당하는 것은 제외한다.
   - 2mm의 체를 통과하지 아니하는 덩어리 상태의 것
   - 지름 2mm 이상의 막대 모양의 것

7. 황화린·적린·유황 및 철분은 2.에 따른 성질과 상태가 있는 것으로 본다.

8. "인화성고체"라 함은 고형알코올 그 밖에 1기압에서 인화점이 섭씨 40도 미만인 고체를 말한다.
   ↳ 유기화합물, 고무풀·락카퍼티·메타알데히드·제3부틸알코올 포함

9. "자연발화성물질 및 금수성물질"이라 함은 고체 또는 액체로서 공기 중에서 발화의 위험성이 있거나 물과 접촉하여 발화하거나 가연성가스를 발생하는 위험성이 있는 것을 말한다.

10. 칼륨·나트륨·알킬알루미늄·알킬리튬 및 황린은 9.의 규정에 의한 성상이 있는 것으로 본다.

11. "인화성액체"라 함은 액체(제3석유류, 제4석유류 및 동식물유류의 경우 1기압과 섭씨 20도에서 액체인 것만 해당한다)로서 인화의 위험성이 있는 것을 말한다. 다만, 다음의 어느 하나에 해당하는 것을 법 제20조 제1항의 중요기준과 세부기준에 따른 운반용기를 사용하여 운반하거나 저장(진열 및 판매를 포함한다)하는 경우는 제외한다.
   - 「화장품법」 제2조 제1호에 따른 화장품 중 인화성액체를 포함하고 있는 것
   - 「약사법」 제2조 제4호에 따른 의약품 중 인화성액체를 포함하고 있는 것
   - 「약사법」 제2조 제7호에 따른 의약외품(알코올류에 해당하는 것은 제외한다) 중 수용성인 인화성액체를 50부피퍼센트 이하로 포함하고 있는 것
   - 「의료기기법」에 따른 체외진단용 의료기기 중 인화성액체를 포함하고 있는 것
   - 「생활화학제품 및 살생물제의 안전관리에 관한 법률」 제3조 제4호에 따른 안전확인대상생활화학제품(알코올류에 해당하는 것은 제외한다) 중 수용성인 인화성액체를 50부피퍼센트 이하로 포함하고 있는 것

   ↱ 4류 중 인화점 가장 낮음

12. "특수인화물"이라 함은 이황화탄소, 디에틸에테르 그 밖에 1기압에서 발화점이 섭씨 100도 이하인 것 또는 인화점이 섭씨 영하 20도 이하이고 비점이 섭씨 40도 이하인 것을 말한다.
   ↳ + 아세트알데히드, 산화프로필렌, 이소프렌, 페놀, 나프탈렌, 에테르

CS, 수소에 보관, 비중은 물보다 큼(1.21), 발화점 가장 낮음(4류 中)

이종철 **111**

13. "제1석유류"라 함은 아세톤, 휘발유 그 밖에 1기압에서 인화점이 섭씨 21도 미만인 것을 말한다.
   ↳ + 가솔린, 벤젠, 톨루엔, 크실렌, 메틸에틸케톤, 피리딘, 시안화수소

14. "알코올류"라 함은 1분자를 구성하는 탄소원자의 수가 1개부터 3개까지인 포화1가 알코올(변성알코올을 포함한다)을 말한다. 다만, 다음에 해당하는 것은 제외한다.
   ┌ 1분자를 구성하는 탄소원자의 수가 1개 내지 3개의 포화1가 알코올의 함유량이 60중량퍼센트 미만인 수용액
   └ 가연성액체량이 60중량퍼센트 미만이고 인화점 및 연소점(태그개방식인화점측정기에 의한 연소점을 말한다. 이하 같다)이 에틸알코올 60중량퍼센트 수용액의 인화점 및 연소점을 초과하는 것

15. "제2석유류"라 함은 등유, 경유(디젤유) 그 밖에 1기압에서 인화점이 섭씨 21도 이상 70도 미만인 것을 말한다. 다만, 도료류 그 밖의 물품에 있어서 가연성액체량이 40중량퍼센트 이하이면서 인화점이 섭씨 40도 이상인 동시에 연소점이 섭씨 60도 이상인 것은 제외한다.
   ↳ + 클로로벤젠, 초산(아세트산), 개미산, 테라핀유, 장뇌유

16. "제3석유류"라 함은 중유, 클레오소트유 그 밖에 1기압에서 인화점이 섭씨 70도 이상 섭씨 200도 미만인 것을 말한다. 다만, 도료류 그 밖의 물품은 가연성액체량이 40중량퍼센트 이하인 것은 제외한다.
   ↳ + 글리세린

17. "제4석유류"라 함은 기어유, 실린더유(윤활유) 그 밖에 1기압에서 인화점이 섭씨 200도 이상 섭씨 250도 미만의 것을 말한다. 다만, 도료류 그 밖의 물품은 가연성 액체량이 40중량퍼센트 이하인 것은 제외한다.
   ↳ + 담금질유

18. "동식물유류"라 함은 동물의 지육 등 또는 식물의 종자나 과육으로부터 추출한 것으로서 1기압에서 인화점이 섭씨 250도 미만인 것을 말한다. 다만, 법 제20조 제1항의 규정에 의하여 행정안전부령으로 정하는 용기기준과 수납·저장기준에 따라 수납되어 저장·보관되고 용기의 외부에 물품의 통칭명, 수량 및 화기엄금(화기엄금과 동일한 의미를 갖는 표시를 포함한다)의 표시가 있는 경우를 제외한다.

19. "자기반응성물질"이라 함은 고체 또는 액체로서 폭발의 위험성 또는 가열분해의 격렬함을 판단하기 위하여 고시로 정하는 시험에서 고시로 정하는 성질과 상태를 나타내는 것을 말한다.

20. 제5류 제1호 ~ 제10호의 1에 해당하는 어느 하나 이상을 함유한 물품에 있어서는 유기과산화물을 함유하는 것 중에서 불활성고체를 함유하는 것으로서 다음에 해당하는 것은 제외한다.
   ┌ 과산화벤조일의 함유량이 35.5중량퍼센트 미만인 것으로서 전분가루, 황산칼슘2수화물 또는 인산1수소칼슘2수화물과의 혼합물
   ├ 비스(4클로로벤조일)퍼옥사이드의 함유량이 30중량퍼센트 미만인 것으로서 불활성고체와의 혼합물
   ├ 과산화지크밀의 함유량이 40중량퍼센트 미만인 것으로서 불활성고체와의 혼합물
   ├ 1·4비스(2-터셔리부틸퍼옥시이소프로필)벤젠의 함유량이 40중량퍼센트 미만인 것으로서 불활성고체와의 혼합물
   └ 시크로헥사놀퍼옥사이드의 함유량이 30중량퍼센트 미만인 것으로서 불활성고체와의 혼합물

21. "산화성액체"라 함은 액체로서 산화력의 잠재적인 위험성을 판단하기 위하여 고시로 정하는 시험에서 고시로 정하는 성질과 상태를 나타내는 것을 말한다.

22. 과산화수소는 그 농도가 36중량퍼센트 이상인 것에 한하며, 21.의 성상이 있는 것으로 본다.

23. 질산은 그 비중이 1.49 이상인 것에 한하며, 21.의 성상이 있는 것으로 본다.

24. 위 표의 성질란에 규정된 성상을 2가지 이상 포함하는 물품(복수성상물품)이 속하는 품명은 다음에 의한다.

    ┌ 복수성상물품이 산화성고체의 성상 및 가연성고체의 성상을 가지는 경우: 제2류 제1호 ~ 제6호의 1에 해당하는 어느 하나 이상을 함유한 것의 규정에 의한 품명
          └▶ 1류 < 2류

    ├ 복수성상물품이 산화성고체의 성상 및 자기반응성물질의 성상을 가지는 경우: 제5류 제1호 ~ 제10호의 1에 해당하는 어느 하나 이상을 함유한 것의 규정에 의한 품명
          └▶ 1류 < 5류

    ├ 복수성상물품이 가연성고체의 성상과 자연발화성물질의 성상 및 금수성물질의 성상을 가지는 경우: 제3류 제1호 ~ 제10호의 1에 해당하는 어느 하나 이상을 함유한 것의 규정에 의한 품명
          └▶ 2류 < 3류

    ├ 복수성상물품이 자연발화성물질의 성상, 금수성물질의 성상 및 인화성액체의 성상을 가지는 경우: 제3류 제1호 ~ 제10호의 1에 해당하는 어느 하나 이상을 함유한 것의 규정에 의한 품명
          └▶ 4류 < 3류

    └ 복수성상물품이 인화성액체의 성상 및 자기반응성물질의 성상을 가지는 경우: 제5류 제1호 ~ 제10호의 1에 해당하는 어느 하나 이상을 함유한 것의 규정에 의한 품명
          └▶ 4류 < 5류

저장소의 종류

1. 옥내저장소

2. 옥외저장소

3. 옥내탱크저장소

4. 옥외탱크저장소

5. 지하탱크저장소

6. 간이탱크저장소

7. 이동탱크저장소

8. 암반탱크저장소

취급소의 종류

1. 주유취급소: 고정된 주유설비에 의하여 연료탱크에 직접 주유하기 위하여 위험물을 취급하는 장소

2. 판매취급소

   - 용기에 담아 판매하기 위하여 지정수량 40배 이하를 취급하는 장소
   - '위험물 판매취급소' 표지와 방화에 필요한 사항을 게시한 게시판 설치
   - 1종: 지정수량 20배 이하 취급
   - 2종: 지정수량 40배 이하 취급

3. 이송취급소: 배관 및 이에 부속된 설비에 의하여 위험물을 이송하는 장소

4. 일반취급소: 주유취급소, 판매취급소, 이용취급소 외의 장소

> **판매취급소 배합실 시설기준**
> - 바닥면적 $6m^2$ 이상 $15m^2$ 이하
> - 내화구조 또는 불연재료로 된 벽으로 구획
> - 적당한 경사를 두고 집유설비
> - 출입구에 자동폐쇄식 갑종방화문 설치
> - 출입구 문턱 높이 바닥면으로부터 0.1m 이상

탱크 용적의 산정기준

1. 탱크 용적: 탱크의 내용적 - 공간용적

2. 탱크의 공간 용적: 탱크용적의 5% 이상 10% 이하

| **위험물안전
관리법의 적용
제외** | 항공기·선박·철도 및 궤도에 의한 위험물의 저장·취급 및 운반에 있어서는 「위험물안전관리법」을
적용하지 아니함 |

국가의 책무

1. 위험물의 유통실태 분석, 사고 유형 분석, 안전기술 개발, 전문인력 양성, 그 밖에 사고 예방을 위하여 필요한 사항을 포함하는 시책을 수립·시행

2. 시책을 추진하는 데 필요한 행정적·재정적 지원

**지정수량 미만인
위험물의 저장·
취급**

1. 지정수량 이상: 「위험물안전관리법」 적용 ⇨ 위험물안전관리자 선임

2. 지정수량 미만: 시·도조례 적용 ⇨ 선임 의무 X

**위험물 저장·
취급의 제한**

↳ 허가받은 장소가
아닌 곳은 「위험
물안전관리법」
적용 X, 시·도
조례 적용

1. 지정수량 이상의 위험물을 저장소나 제조소가 아닌 곳에서 취급하여서는 아니됨

2. 예외

┌ 군부대가 지정수량 이상의 위험물을 군사목적으로 임시로 저장 또는 취급하는 경우
│ ↳ 관할 소방서장의 승인을 받지 않고 가능, 승인대상 X 일수 제한 X
└ 관할소방서장의 승인을 받아 지정수량 이상의 위험물을 90일 이내 기간 동안 임시로 저장 또
  는 취급하는 경우   ↳ 허가 X

3. 제조소등에서의 위험물의 저장 또는 취급

   ┌ 중요기준: 화재 등 위해의 예방과 응급조치에 있어서 큰 영향을 미치거나 그 기준을 위반하는
   │ 경우 직접적으로 화재를 일으킬 가능성이 큰 기준으로서 행정안전부령이 정하는 기준

   └ 세부기준: 중요기준보다 상대적으로 적은 영향을 미치거나 그 기준을 위반하는 경우 간접적으
     로 화재를 일으킬 수 있는 기준으로서 행정안전부령이 정하는 기준

4. 제조소등의 위치·구조 및 설비의 기술기준은 행정안전부령으로 정함

5. 둘 이상의 위험물을 같은 장소에서 저장 또는 취급하는 경우 각 위험물의 수량을 그 위험물의 지정
수량으로 각각 나누어 얻은 수의 합계가 1 이상인 경우 지정수량 이상의 위험물로 취급

$$\left[\frac{A\ 저장,\ 취급량}{A\ 지정수량} + \frac{B\ 저장,\ 취급량}{B\ 지정수량} \right]$$

$$\sum(위험물수량_n\ /\ 지정수량_n) \geqq 1$$

🎯 중요 기출지문 모음 zip

1. 자연발화성 및 금수성 물질에는 칼륨, 나트륨, 알킬리튬, 알킬알루미늄, 황린, 유기금속화합물(알킬리튬, 알킬알루미늄 제외), 알칼리금속(칼륨, 나트륨 제외), 알칼리토금속, 금속의 수소화물, 금속의 인화물, 칼슘 및 알루미늄의 탄화물이 해당한다.

2. 제조소등에 설치하는 소방시설은 소화설비, 경보설비 및 피난설비이다.

3. 지정수량이라 함은 위험물의 종류별로 위험성을 고려하여 대통령령이 정하는 수량으로서 규정에 의한 제조소등의 설치 허가 등에 있어서 최저의 기준이 되는 수량을 말한다.

4. 지정수량 미만인 위험물의 저장 또는 취급에 관한 기술상의 기준은 특별시·광역시·특별자치시·도 및 특별자치도의 조례로 정한다.

**위험물시설의
설치 및 변경**

1. 제조소등 설치 및 변경: 시·도지사의 허가 필요
   ↳ 소화기 제외

2. 위험물의 품명, 수량 또는 지정수량의 배수 변경: 시·도지사에게 변경신고

 찐tip
   - 시·도지사 허가: 제조소등 설치, 제조소등 위치·구조·설비의 변경
   - 시·도지사 신고: 품명·수량·지정수량의 배수변경
      ↳ 보통 변경한 날부터 30일 이내 신고하나 해당사항은 변경 1일 전까지 신고

3. 예외(지정수량 이상 취급하더라도 설치 허가 ×, 변경 허가 ×, 변경 신고 ×)

   ┌ 주택의 난방시설을 위한 저장소 또는 취급소 ⇨ 배수 제한 없음
   │ ↳ 공동주택의 중앙난방시설 제외
   └ 농예용·축산용·수산용으로 필요한 난방시설 또는 건조시설을 위한 지정수량 20배 이하의
      저장소

   > **제조소등의 변경허가를 받아야 하는 경우**
   > - 300m(지하 30m)를 초과하는 위험물 배관을 신설, 교체,
   >   철거 또는 보수하는 경우
   > - 불활성기체의 봉입장치를 신설하는 경우
   > - 방화상 유효한 담을 신설, 철거 또는 이설하는 경우
   > - 위험물 제조설비 또는 취급설비 증설 ─→ 펌프설비 제외
   > - 위험물취급탱크의 탱크전용실 증설

군용위험물 시설의 설치 및 변경 특례

1. 군사목적 또는 군부대시설을 위한 제조소등을 설치하거나 그 위치·구조 또는 설비를 변경하고자 하는 군부대의 장은 시·도지사와 협의

2. 협의한 제조소등에 대하여는 탱크안전성능검사와 완공검사를 자체적으로 실시 가능, 자체적으로 검사 실시한 군부대의 장은 지체없이 시·도지사에게 통보

3. 공사 착수 전 그 공사의 설계도서와 행정안전부령이 정하는 서류를 시·도지사에게 제출
   ↳ 국가안보상 중요하거나 국가기밀에 속하는 경우는 설계도서 제출 생략 가능

탱크안전성능 검사

구분	검사대상 및 신청시기
기초·지반검사	• 옥외탱크저장소(액체위험물탱크) 중 용량 100만L 이상 • 위험물탱크의 기초 및 지반에 관한 공사의 개시 전
충수·수압검사 ↳ 충수: 탱크 안에 물을 가득 채워서 검사, 수압: 압력을 가했을 때 누수와 변형상태 검사	• 액체위험물을 저장·취급하는 탱크 • 위험물 탱크에 배관, 그 밖의 부속설비를 부착하기 전
용접부검사	• 옥외탱크저장소(액체위험물탱크) 중 용량 100만L 이상 • 탱크 본체에 관한 공사 개시 전 ↳ 특정 옥외탱크
암반탱크검사	• 액체위험물을 저장 또는 취급하는 암반 내의 공간을 이용한 탱크 • 암반탱크의 본체에 관한 공사 개시 전 ↳ vs 완공검사 중 지하탱크 매설 전

 찐tip
- 시·도지사가 면제할 수 있는 탱크안전검사: 충수·수압검사
- 시·도지사: 위험물탱크 안전 성능검사
- 소방본부장·소방서장: 위험물안전관리자에 대한 선임신고, 위험물 제조소등의 정기검사, 이동탱크 저장소의 응급조치 강구 명령

완공검사
└▸「소방시설공사업법」: 소방본부장 또는 소방서장

1. 설치허가 ⇨ 탱크안전성능검사 ⇨ 제조소등의 설치 또는 변경 ⇨ 완공검사 받고 사용(완공검사합격확인증 발급)

2. 부분완공검사: 일부를 미리 사용하고자 하는 경우 실시

3. 검사권자: 시·도지사

4. ☆신청시기

　　┌ 지하탱크가 있는 제조소등: 당해 지하탱크 매설 전

　　├ 이동탱크저장소: 이동저장탱크를 완공하고 상치장소(이동탱크 주차장소)를 확보 후
　　│　└▸ 안전관리 선임 대상 포함 ×

　　├ 이송취급소: 이송배관 공사의 전체 또는 일부 완료 후
　　│　└▸ 지하·하천 등에 매설하는 이송배관은 이송배관 매설 전

　　└ 전체공사가 완료된 후 완공검사를 실시하기 곤란한 경우

　　　　┌ 위험물설비 또는 배관의 설치가 완료되어 기밀시험 또는 내압시험을 실시하는 시기

　　　　├ 기술원이 지정하는 부분의 비파괴시험을 실시하는 시기

　　　　└ 배관을 지하에 설치 시 시·도지사, 소방서장 또는 기술원이 지정하는 부분을 매몰하기 직전

 찐tip　「위험물안전관리법」상 시·도지사의 권한을 한국소방기술원에 위탁하는 업무
　　　⇨ 옥외탱크저장소 또는 암반탱크저장소의 설치 또는 변경에 따른 완공검사
　　　　└▸ 저장용량 50만L 이상

제조소등 설치자의 지위 승계

1. 경매, 환가, 압류재산의 매각으로 제조소등의 시설의 전부를 인수한 자는 설치자의 지위를 승계

2. 지위 승계신고: 승계한 날부터 30일 이내에 시·도지사에게 신고
　　　　　　　　　　└▸ 소방본부장, 소방서장 ×

제조소등의 폐지	1. 폐지: 위험물시설로서의 기능을 완전히 상실시키는 것
	2. 관계인은 폐지한 날부터 14일 이내에 시·도지사에게 신고
	└ vs「소방시설공사업법」: 휴업, 폐업, 재개업 시 그 날부터 30일 이내에 시·도지사에게 신고

제조소등 설치 허가의 취소와 사용정지	1. 허가 취소 또는 6개월 이내의 기간을 정하여 제조소등의 전부 또는 일부의 사용정지
	2. 각종 검사 미실시, 위험물안전관리자 미선임 등의 경우
	3. 취소에 한정하여 행정처분 전 청문회 실시
	└ 사용정지는 청문회 × (다른 법은 정지도 청문)

과징금처분	1. 부과·징수권자: 시·도지사
└ ≠ 과태료	2. 사용정지처분에 갈음하여 2억원 이하 과징금 부과 가능
	└ vs「소방시설관리업」: 영업정지 갈음 3천만원 이하
	3. 필요사항은 행정안전부령으로 정함

◎ 중요 기출지문 모음 zip

1. 허가를 받지 아니하고 당해 제조소등을 설치하거나 그 위치·구조 또는 설비를 변경할 수 있으며, 신고를 하지 아니하고 위험물의 품명·수량 또는 지정수량의 배수를 변경할 수 있는 제조소등은 주택의 난방시설(공동주택의 중앙난방시설 제외)을 위한 저장소 또는 취급소, 농예용·축산용 또는 수산용으로 필요한 난방시설 또는 건조시설을 위한 지정수량 20배 이하의 저장소가 해당한다.

2. 제조소등을 설치하고자 하는 자는 대통령령이 정하는 바에 따라 그 설치장소를 관할하는 특별시장·광역시장·특별자 치시장·도지사 또는 특별자치도지사의 허가를 받아야 한다. 제조소등의 위치·구조 또는 설비 가운데 행정안전부령이 정하는 사항을 변경하고자 하는 때에도 또한 같다.

3. 제조소등의 위치·구조 또는 설비의 변경 없이 당해 제조소등에서 저장하거나 취급하는 위험물의 품명·수량 또는 지정수 량의 배수를 변경하고자 하는 자는 변경하고자 하는 날의 1일 전까지 행정안전부령이 정하는 바에 따라 시·도지사에 게 신고하여야 한다.

4. 제조소등의 설치자의 지위를 승계한 자는 행정안전부령이 정하는 바에 따라 승계한 날부터 30일 이내에 시·도지사에 게 그 사실을 신고하여야 한다.

03 위험물시설의 안전관리

 찐 tip
- 정기검사: 소방본부장 + 소방서장(= 위험물 안전관리자 선임신고)
- 그 밖의 대상: 소방본부장 + 소방서장 + 시·도지사

위험물시설의 유지·관리

1. 관계인은 제조소등의 위치·구조 및 설비가 기술기준에 적합하도록 유지·관리

2. 시·도지사, 소방본부장 또는 소방서장은 제조소등의 위치·구조 및 설비의 수리·개조 또는 이전 명령 가능

위험물안전관리자
20. 공채

1. 제조소등의 관계인은 위험물의 취급에 관한 자격이 있는 자를 위험물안전관리자로 선임

2. 안전관리자를 해임하거나 퇴직한 때에는 퇴직한 날부터 30일 이내에 선임

3. 선임신고: 선임한 날부터 14일 이내에 소방본부장 또는 소방서장에게 신고
   ↳ 2-1분법 소방안전관리자와 동일

4. 대리자 지정 → 신고 ×

   ┌ 안전관리자가 일시적으로 직무수행이 불가능하거나 해임 또는 퇴직과 동시에 다른 관리자를 선임하지 못한 경우 대리자를 지정하여 직무 대행
   └ 직무 대행은 기간은 30일을 초과할 수 없음
      ↳ 관리자 선임은 30일 이내

5. 자격 → 대통령령으로 정함

   ┌ 위험물기능장, 위험물기능사, 위험물산업기사: 모든 위험물
   └ 안전관리자교육 이수자, 소방공무원 3년 이상 경력자: 제4류 위험물

6. 다수의 제조소등을 동일인이 설치한 경우

   ┌ 1인의 안전관리자 중복 선임 가능
   └ 대리자의 자격이 있는 자를 각 제조소등별로 지정하여 안전관리자를 보조
      ↳ 인수제한 ×, 대리자 지정 신고대상 ×

7. 1인의 안전관리자를 중복하여 선임할 수 있는 경우

    — 보일러·버너 등의 장치로 이루어진 ㄱ개 이하 일반취급소와 그 일반취급소에 공급하기 위한
      위험물 저장소를 동일인이 설치한 경우

    — 차량에 고정된 탱크 또는 운반용기에 옮겨 담기 위한 5개 이하 일반취급소와 그 일반취급소에
      공급하기 위한 위험물 저장소를 동일인이 설치한 경우   ↳ 취급소 간의 보행거리
                                              300m 이내

    — 동일 구내에 있거나 상호 100m 이내에 있는 저장소를 동일인이 설치한 경우

                              ↳ 이동탱크저장소는 안전관리자 선임대상 ✕

        — 개수 무관: 옥내탱크저장소, 지하탱크저장소, 간이탱크저장소

        — 10개 이하: 옥내저장소, 옥외저장소, 암반탱크저장소   → 각 저장소에 대리자 지정

        — 30개 이하: 옥외탱크저장소

 찐 tip

    • 위험물안전관리자: 행정안전부령이 정하는 바에 의하여 위험물취급에 관한 안전관리
      및 감독
    • 관계인은 위험물의 안전관리에 관한 직무를 수행하게 하기 위해 제조소등마다 자격이
      있는 자를 위험물안전관리자로 선임

안전관리자의 책무
• 위험물 취급작업에 참여하여 당해 작업이 저장 또는 취급에
  관한 기술기준과 예방규정에 적합하도록 해당 작업자에 대해
  지시·감독
• 화재 등의 재난 발생시 응급조치 및 소방관서 등에 연락
• 화재 등의 재해 방지와 응급조치에 관하여 인접하는 제조
  소등과 그 밖에 관련되는 시설관계자와 협조체제 유지
• 위험물 취급에 관한 일지의 작성·기록
• 위험물을 수납한 용기를 차량에 적재하는 작업, 위험물설비
  를 보수하는 작업 등 위험물 취급과 관련된 작업의 안전에
  관하여 필요한 감독 수행
• 위험물시설의 안전을 담당하는 자를 따로 두는 제조소등의
  경우 담당자에게 업무 지시

**탱크시험자의
등록**

1. 시·도지사 또는 제조소등의 관계인은 탱크안전성능시험자로 하여금 검사 또는 점검의 일부 실시

    ┌ 기술원에 소방용품 및 탱크, 충수·수압검사만 위탁

    └ 나머지는 기술원: 기초·지반검사, 충수·수압검사, 용접부검사, 암반탱크검사

2. 중요시험 등록: 대통령령이 정하는 기술능력·시설 및 장비를 갖추어 시·도지사에게 등록

3. 중요사항 변경: 변경날부터 30일 이내에 시·도지사에게 변경신고 → 5일 이내 처리

    └→ vs 재발급 처리 3일

4. 결격사유

    ┌ 피성년후견인

    ├ 금고 이상의 실형을 선고받고 그 집행이 종료되거나 면제된 날부터 2년이 지나지 아니한 자

    ├ 금고 이상 형의 집행유예 기간에 있는 자

    └ 등록 취소된 날부터 2년이 지나지 아니한 자

5. 등록 취소·정지

    ┌ 거짓이나 그 밖의 부정한 방법으로 등록

    ├ 결격사유에 해당   → 1차 행정처분(취소)

    ├ 등록증을 다른 자에게 대여

    ├ 등록기준 미달

    └ 탱크안전시험 또는 점검을 허위로 하거나 기준에 맞지 아니하게 실시하는 경우

**탱크시험자의
기술능력·
시설 및 장비**

탱크시험자의 기술능력·시설 및 장비	
• 기술능력	
필수인력	• 위험물기능장·위험물산업기사 또는 위험물기능사 중 1명 이상 • 비파괴검사기술사 1명 이상 또는 방사선비파괴검사·초음파비파괴검사·자기비파괴검사 및 침투비파괴검사별로 기사 또는 산업기사 각 1명 이상
필요한 경우 두는 인력	• 충수·수압시험, 진공시험, 기밀시험 또는 내압시험의 경우: 누설비파괴검사 기사, 산업기사 또는 기능사 • 수직·수평도시험의 경우: 측량 및 지형공간정보 기술사, 기사, 산업기사 또는 측량기능사 • 방사선투과시험의 경우: 방사선비파괴검사 기사 또는 산업기사 • 필수 인력의 보조: 방사선비파괴검사·초음파비파괴검사·자기비파괴검사 또는 침투비파괴검사 기능사

- 시설: 전용사무실
- 장비 → 「소방시설공사업법」에서는 ×

필수장비	자기탐상시험기, 초음파두께측정기 및 영상초음파시험기, 방사선투과시험기 및 초음파시험기
필요한 경우 두는 장비	• 충수·수압시험, 진공시험, 기밀시험 또는 내압시험의 경우 ┌ 진공능력 53kPa 이상의 진공누설시험기 └ 기밀시험장치(안전장치가 부착된 것으로서 가압능력 200kPa 이상, 감압의 경우에는 감압능력 10kPa 이상·감도 10Pa 이하의 것으로서 각각의 압력 변화를 스스로 기록할 수 있는 것) • 수직·수평도시험의 경우: 수직·수평도 측정기 ↳ 둘 이상의 기능을 함께 가지고 있는 장비를 갖춘 경우에는 각각의 장비를 갖춘 것으로 봄

예방규정

22. 공채,
23. 공채·경채

1. 제출

┌ 제조소등의 사용 시작 전에 시·도지사에게 제출
│   ↳ 벌칙 1년 이하 또는 1천만원
└ 기준 미적합 또는 비상조치 필요시 시·도지사가 반려 및 변경 명령 가능

2. 작성 대상

┌ 지정수량 10배 이상의 위험물을 취급하는 제조소 및 일반취급소
├ 지정수량 100배 이상의 위험물을 저장하는 옥외저장소
├ 지정수량 150배 이상의 위험물을 저장하는 옥내저장소
├ 지정수량 200배 이상의 위험물을 저장하는 옥외탱크저장소
├ 암반탱크저장소
└ 이송취급소
    ↳ vs 이동탱크저장소: 애초에 안전하므로 관리자 선임대상 ×
         지정수량 관계 ×

**정기점검 및
정기검사**

구분	정기점검	정기검사
점검·검사자	제조소등의 관계인	★소방본부장 또는 소방서장
대상	• 예방규정 작성 대상 • 지하탱크저장소 • 이동탱크저장소 • 지하에 매설된 탱크가 있는 제조소, 주유취급소, 일반취급소 └→ 간이탱크저장소 포함 ×	• 준특정옥외탱크 또는 특정옥외탱크 • 액체위험물을 저장 또는 취급하는 50만L 이상 옥외탱크저장소
횟수	연 1회 이상	• 정밀정기검사: 11년(단, 최초정기검사는 12년이 되는 해) • 중간정기검사: 4년

> 🧑 찐tip 구조안전점검(대상, 횟수): 정기검사와 동일

자체소방대
22. 공채,
23. 공채·경채

1. 설치대상

   ┌ 제조소 또는 일반취급소에서 취급하는 제4류 위험물의 최대수량의 합이 지정수량의 3천배 이상
   └ 옥외탱크저장소에 저장하는 제4류 위험물의 최대수량이 지정수량의 50만배 이상

2. 화학소방자동차 및 인원

사업소 구분	화학소방자동차(대)	자체소방대원수(인)
지정수량 3천배 이상 12만배 미만	1	5
지정수량 12만배 이상 24만배 미만	2	10
지정수량 24만배 이상 48만배 미만	3	15
지정수량 48만배 이상	4	20
최대수량 50만배 이상(옥외탱크저장소)	2	10

3. 화학소방자동차에 갖추어야 하는 소화능력 및 설비 기준

이산화탄소 방사차	• 방사능력 매초 40kg 이상 • 소화약제 비치 3천kg 이상 • 이산화탄소저장용기 비치
제독차	가성소다 및 규조토 각각 50kg 이상 비치
포수용액 방사차	• 방사능력 매분 2천L 이상 • 소화약제 비치: 포수용액 10만L 이상 비치 • 소화약액탱크, 혼합장치 비치
분말 방사차	• 방사능력 매초 35kg 이상 • 소화약제 비치: 1천400kg 이상 • 분말탱크, 가압용가스설비 비치
할로겐화합물 방사차	• 방사능력 매초 40kg 이상 • 소화약제 비치: 1천kg 이상 • 할로겐화합물탱크, 가압용가스설비 비치

화학소방자동차 소화능력 및 설비기준 -
이. 제. 포. 분. 할.
• **이**산화탄소 방사차
• **제**독차
• **포**수용액(Foam)
• **분**말 방사차
• **할**로겐화합물 방사차

자체소방대 설치 제외 대상인 일반취급소

1. 보일러, 버너 그 밖에 이와 유사한 장치로 위험물을 소비하는 일반취급소

2. 이동저장탱크 그 밖에 유사한 것에 위험물을 주입하는 일반취급소

3. 용기에 위험물을 옮겨 담는 일반취급소

◎ 중요 기출지문 모음 zip

안전관리자를 선임한 제조소등의 관계인은 안전관리자가 여행·질병 그 밖의 사유로 인하여 일시적으로 직무를 수행할 수 없거나 안전관리자의 해임 또는 퇴직과 동시에 다른 안전관리자를 선임하지 못하는 경우에는 「국가기술자격법」에 따른 위험물의 취급에 관한 자격취득자 또는 위험물안전에 관한 기본지식과 경험이 있는 자로서 행정안전부령이 정하는 자를 대리자로 지정하여 그 직무를 대행하게 하여야 한다. 이 경우 대리자가 안전관리자의 직무를 대행하는 기간은 30일을 초과할 수 없다.

04 위험물의 운반 등

위험물의 운반
23. 공채 · 경채

1. 위험물의 운반은 용기 · 적재방법 및 운반방법에 관한 중요기준과 세부기준에 따라 운반
   └ 저장 포함 ✕

   ┌ 중요기준: 화재 등 위해의 예방과 응급조치에 있어서 큰 영향을 미치
   │ 거나 그 기준을 위반하는 경우 직접적으로 화재를 일으킬 가능성이 큰   → 행정안전부령으로
   │ 기준   정함
   └ 세부기준: 상대적으로 적은 영향을 미치거나 그 기준을 위반하는 경우
     간접적으로 화재를 일으킬 수 있는 기준 및 위험물 안전관리에 필요한
     표시와 서류 · 기구 등 비치에 관한 기준

2. 위험물운반자: 위험물국가기술자격자, 안전교육수료자

3. 시 · 도지사는 운반용기를 제작하거나 수입한 자 등의 신청에 따라 검사 가능
   └ 의무 ✕

4. 기계에 의해 하역하는 구조로 된 대형 운반용기는 시 · 도지사가 실시하는 운반용기 검사 필요

위험물의 운반에 관한 기준

- 위험물 운반용기 수납률 → 기체 포함 ✕
  - ┌ 고체위험물: 운반용기 내용적의 95% 이하
  - ├ 액체위험물: 운반용기 내용적의 98% 이하
  - └ 자연발화성물질 중 알킬알루미늄, 알킬리튬 등: 운반용기 내용적의 90% 이하
- 수납하는 위험물에 따른 주의사항

제1류 위험물	• 알칼리금속의 과산화물 또는 이를 함유: 화기 · 충격주의, 물기엄금 및 가연물접촉주의 • 그 밖의 것: 화기 · 충격주의, 가연물접촉주의
제2류 위험물	• 철분, 금속분, 마그네슘 또는 어느 하나 이상 함유: 화기주의, 물기엄금 • 인화성고체: 화기엄금 　└ 인화점 40℃ 미만 • 그 밖의 것: 화기주의
제3류 위험물	• 자연발화성물질: 화기엄금, 공기접촉엄금 • 금수성물질: 물기엄금

제4류 위험물	화기엄금
제5류 위험물	화기엄금, 충격주의
제6류 위험물	가연물접촉주의

위험물의 운송

1. 위험물운송자: 위험물 국가기술자격자, 안전교육 수료자

2. 대통령령이 정하는 위험물의 운송에 있어서는 운송책임자의 감독 또는 지원을 받아 운송
   ↳ 기준: 행정안전부령

3. 대상: 알킬알루미늄, 알킬리튬, 알킬기의 물질을 함유하는 위험물

 찐 tip
- ☆ 방수성(물), 차광성(빛) 덮개가 둘 다 필요한 물질 = 알칼리금속의 과산화물
  ↳ vs 히드록실아민 등 = 안전거리 특례
- 혼재기준 1류 + 6류, 2류 + 4류 + 5류, 3류 + 4류

🎯 **중요 기출지문 모음 zip**

1. 운반용기에 수납된 위험물을 지정수량 이상으로 차량에 적재하여 운반하는 차량의 운전자는 「국가기술자격법」에 따른 위험물 분야의 자격을 취득하고 위험물 안전교육을 수료하여야 한다.

2. 위험물의 운반은 그 용기·적재방법 및 운반방법에 관한 중요기준과 세부기준에 따라 행하여야 한다.

3. 운송책임자의 감독·지원을 받아 운송하여야 하는 위험물은 알킬알루미늄, 알킬리튬, 알킬알루미늄 또는 알킬리튬의 물질을 함유하는 위험물이다.

4. 운송책임자의 범위, 감독 또는 지원의 방법 등에 관한 구체적인 기준은 행정안전부령으로 정한다.

05 감독 및 조치명령

출입·검사 등

1. 출입·검사권자: 시·도지사, 소방본부장, 소방서장, 소방청장

2. 개인 주거시설: 관계인 승낙

3. 출입·검사: 공개시간, 근무시간 내, 해가 뜬 후부터 해가 지기 전까지
   └▶ 관계인 승낙을 얻은 경우, 긴급한 경우 제외

4. 관계인의 정당한 업무 방해 금지, 비밀 누설 금지

위험물 누출 등의 사고조사

1. 조사권자: 소방청장, 소방본부장, 소방서장
   └▶ 시·도지사 포함 ×

2. 사고조사에 필요한 경우 자문을 하기 위해 관련 분야에 전문지식이 있는 사람으로 구성된 사고조사위원회 구성 가능
   └▶ 필요사항은 대통령령으로 정함

응급조치·통보 및 조치명령

1. 제조소등의 관계인은 당해 제조소등에서 위험물의 유출, 그 밖의 사고 발생 시 응급조치를 강구

2. 사고 발견자는 즉시 관계기관에 통보

 찐 tip
- 위험물 누출 사고조사: 소방본부장, 소방서장, 소방청장
- 위험물 누출(방출) 확산 우려 응급조치 강구 명령: 소방본부장, 소방서장
- 시·도지사, 소방본부장, 소방서장
  ┌ 탱크시험자에 대한 명령: 감독권
  ├ 무허가장소의 위험물에 대한 조치명령
  ├ 제조소등에 대한 긴급 사용정지명령 등
  └ 저장·취급기준 준수명령 등

🎯 중요 기출지문 모음 zip

1. 소방청장, 소방본부장 또는 소방서장은 위험물의 누출·화재·폭발 등의 사고가 발생한 경우 사고의 원인 및 피해 등을 조사하여야 한다.

2. 사고조사위원회는 위원장 1명을 포함하여 구명 이내의 위원으로 구성한다.

안전교육

1. 실무교육 2년에 1회 이상

2. 교육 실시 10일 전까지 교육 대상자에게 통보

3. 교육 실시권자: 소방청장

4. 교육 대상자

    ┌ 안전관리자로 선임된 자(위험물) ─────────┐
    ├ 탱크시험자의 기술인력으로 종사하는 자   위탁: 한국소방안전원
    │   └→ 위탁: 한국소방산업기술원
    └ 위험물운송자·운반자로 종사하는 자 ───────┘
        └→ 대리자, 자체소방대원 포함 ×

5. 실무교육을 받지 아니한 경우: 교육받을 때까지 그 자격으로 행하는 행위 제한 가능

 찐tip
- 위험물안전관리자(제4류만 취급)
    ┌ 안전교육 수료자
    └ 소방공무원으로 3년 이상 근무한 자
- 강습교육(운송자, 운반자): 자격을 인정 받으려는 자
- 교육비, 수수료 등은 행정안전부령으로 정함

청문

★청문권자: 시·도지사, 소방본부장, 소방서장
     └→ 소방청장 포함 ×

    ┌ 제조소등 설치허가의 취소
    └ 탱크시험자의 등록 취소
        └→ vs 보통 취소·정지에 대해 청문회 실시, 「위험물안전관리법」은 취소만 청문회 실시

◎ 중요 기출지문 모음 zip

안전관리자·탱크시험자·위험물운반자·위험물운송자 등 위험물의 안전관리와 관련된 업무를 수행하는 자로서 대통령령이 정하는 자는 해당 업무에 관한 능력의 습득 또는 향상을 위하여 소방청장이 실시하는 교육을 받아야 한다.

벌칙

1. 고의(과실이 없는 경우)
   - 제조소등에서 위험물을 유출·방출·확산시켜 사람의 생명·신체·재산에 대하여 위험을 발생: 1년 이상 10년 이하 징역(양벌규정: 5천만원 이하 벌금)
   - 상해: 무기 또는 3년 이상 징역(양벌규정: 1억원 이하 벌금)
   - 사망: 무기 또는 5년 이상 징역(양벌규정: 1억원 이하 벌금)

2. 과실
   - 업무상 과실로 제조소등에서 위험물을 유출·방출·확산시켜 사람의 생명·신체·재산에 대하여 위험을 발생: 7년 이하 금고 또는 7천만원 이하 벌금(양벌규정: 해당 조문의 벌금형 부과)
   - 사상: 10년 이하 징역 또는 금고나 1억원 이하 벌금

3. 설치허가를 받지 않고 제조소등을 설치한 경우: 5년 이하 징역 또는 1억원 이하 벌금

4. 저장소·제조소가 아닌 장소에서 지정수량 이상의 위험물을 저장·취급한 경우: 3년 이하 징역 또는 3천만원 이하 벌금

1년 이하 징역 또는 1천만원 이하 벌금
`20. 공채`

1. 탱크시험자로 등록하지 아니하고 탱크시험자의 업무를 한 자

2. 제조소등에 대한 긴급 사용정지·제한명령을 위반한 자

3. 운반용기에 대한 검사를 받지 아니하고 운반용기를 사용하거나 유통시킨 자

 찐tip
- 저장·취급 중요기준 위반: 벌금 1천500만원 이하
- 운반 중요기준 위반: 벌금 1천만원 이하
- 저장·취급·운반 세부기준 위반: 과태료 500만원 이하

1천500만원 이하 벌금

1. 안전관리자를 선임하지 아니한 관계인

2. 대리자를 지정하지 아니한 관계인

3. 사용정지명령을 위반한 자

4. 탱크안전성능시험 또는 점검에 관한 업무를 허위로 한 자

5. 저장·취급기준 준수명령 또는 응급조치명령을 위반한 자

1천만원 이하 벌금
20. 공채

1. 안전관리자 또는 그 대리자가 참여하지 아니한 상태에서 위험물을 취급한 자

2. 위험물 취급에 관한 안전관리와 감독을 하지 아니한 자

3. 변경한 예방규정을 제출하지 아니한 자

4. 위험물 운반의 중요기준을 따르지 아니한 자
   ↳ 위험물 취급 국가기술자격자가 아닌 자가 위험물을 운송한 자
   VS 세부기준: 과태료 200만원

5. 비밀을 누설한 자
   ↳ VS 1분법: 300만원 이하 벌금, 2-1분법: 1년 이하 징역 또는 1천만원 이하 벌금

6. 관계인의 정당한 업무를 방해(정기검사, 감독, 조사)한 자

500만원 이하 과태료

1. 위험물의 저장·취급 세부기준을 위반한 자

2. 위험물의 운반에 관한 세부기준을 위반한 자

3. 제조소등의 폐지신고 또는 안전관리자 선임신고를 기간 이내에 하지 아니하거나 거짓으로 한 자

4. 승인을 받지 아니한 자

5. 품명 등의 변경신고, 지위승계신고, 등록사항의 변경신고를 기간 이내에 하지 않거나 거짓으로 한 자

6. 점검결과를 기록·보존하지 아니한 자

7. 위험물의 운송에 관한 기준을 따르지 아니한 자

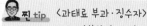 찐 tip 〈과태료 부과·징수자〉
- 소방본부장, 소방서장; 시·도 조례(「소방기본법」)
- 시·도지사, 소방본부장, 소방서장; 「소방기본법」, 「위험물안전관리법」, 「소방시설공사업법」
- 소방청장, 시·도지사, 소방본부장, 소방서장; 「화재의 예방 및 안전관리에 관한 법률」, 「소방시설 설치 및 관리에 관한 법률」

🎯 중요 기출지문 모음 zip

1. 제조소등의 설치허가를 받지 아니하고 제조소등을 설치한 자는 5년 이하의 징역 또는 1억원 이하의 벌금에 처한다.

2. 저장소 또는 제조소등이 아닌 장소에서 지정수량 이상의 위험물을 저장 또는 취급한 자는 3년 이하의 징역 또는 3천만원 이하의 벌금에 처한다.

3. 위험물안전관리자를 선임하지 아니한 관계인은 1천500만원 이하의 벌금에 처한다.

08 제조소등의 위치·구조 및 설비의 기준

제5편 위험물안전관리법

제조소의 위치·구조 및 설비 기준
19 · 20 · 22. 공채,
23. 공채 · 경채

제조소의 위치·구조 및 설비의 기준

Ⅰ. 안전거리

• 3m 이상: 구천V 초과 3만5천V 이하 특고압가공전선

• 5m 이상: 3만5천V 초과 특고압가공전선

• 10m 이상: 주거용 건물(주택)
  └ 제조소 부지 내에 있는 것 제외

• 20m 이상: 고압가스, 액화석유가스, 도시가스 저장·취급 시설

• ☆30m 이상: 학교, 병원급 의료기관, 공연장, 20명 이상 수용가능한 노유자시설, 300명 이상 수용가능한 영화관

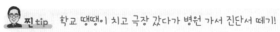 찐 tip 학교 땡땡이 치고 극장 갔다가 병원 가서 진단서 떼기!

• 50m 이상: 유형문화재와 기념물 중 지정문화재

> 안전거리 규제 받지 않는 제조소등 - 간.지.내.
> • 간이탱크저장소
>   └ 옥내: 비규제 1개실의 3드럼 이하(용량 600L), 옥외: 1m 이상
> • 지하탱크저장소
> • 옥내탱크저장소
>   └ 옥내에 있는 경우만, 보유공지 규제 ×

Ⅱ. 보유공지
  └ 빈터로서 시설물 ×

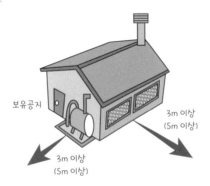

보유공지

3m 이상
(5m 이상)

3m 이상
(5m 이상)

- 위험물을 취급하는 건축물 그 밖의 시설의 주위에는 그 취급하는 위험물의 최대수량에 따라 공지를 보유
  - 위험물을 이송하기 위한 배관 및 유사시설, 도로 제외

취급하는 위험물 최대수량	공지 너비
지정수량의 10배 이하	3m 이상
지정수량의 10배 초과	5m 이상

- 제조소가 연속되어 있어 방화상 유효한 격벽을 설치한 경우 위의 공지를 보유하지 아니할 수 있음
  - 방화벽은 내화구조로 할 것
    - 제6류 위험물은 불연재료 가능
  - 출입구 및 창 등의 개구부는 가능한 최소로 하고 출입구 및 창에 자동폐쇄식 갑종방화문 설치
  - 방화벽의 양단 및 상단이 외벽 또는 지붕으로부터 50cm 이상 돌출하도록 할 것

Ⅲ. 표지 및 게시판

위험물 제조소	화기엄금

위험물 제조소	• 직사각형: 한 변의 길이 0.3m 이상, 다른 한 변의 길이 0.6m 이상 • 백색 바탕, 흑색 문자
게시판	• 직사각형: 한 변의 길이 0.3m 이상, 다른 한 변의 길이 0.6m 이상 • 위험물의 유별·품명 및 저장최대수량 또는 취급최대수량, 지정수량의 배수 및 안전관리자의 성명 또는 직명 기재 • 백색 바탕, 흑색 문자
물기엄금	• 제1류 위험물 중 알칼리금속의 과산화물과 이를 함유한 것 또는 제3류 위험물 중 금수성물질 • 청색 바탕, 백색 문자
화기주의	• 제2류 위험물 → 인화성 고체 제외 • 적색 바탕, 백색 문자
화기엄금	• 제2류 위험물 중 인화성 고체 • 제3류 위험물 중 자연발화성물질 • 제4류 또는 제5류 위험물 • 적색 바탕, 백색 문자

IV. 건축물의 구조

출입문
(갑종 또는
을종방화문)

- 지하층은 없어야 함
- 벽, 기둥, 바닥, 보, 서까래 및 계단은 불연재료
  - └→ 내화구조 ×
    제6류 위험물을 취급하는 경우 위험물이 스며들 우려가 있는 부분에 대하여는 아스팔트
    그 밖의 부식되지 아니하는 재료로 피복
- 지붕은 가벼운 불연재료 → 폭발시 지붕이 날아가야 피해가 적음
- 예외: 내화구조가 가능한 경우
  - ┌ 제2류 위험물, 제4류 위험물 중 제4석유류·동식물유류 또는 제6류 위험물을 취급하는 경우
  - ├ 밀폐형 구조
  - ├ 압력을 견딜 수 있는 철근콘크리트조
  - └ 외부화재에 90분 이상 견딜 수 있는 구조
- 비상구에 갑종방화문 또는 을종방화문을 설치하되, 연소 우려가 있는 외벽에 설치하는 출입구에
  는 자동폐쇄식의 갑종방화문 설치
- 창 및 출입구에 유리를 이용하는 경우 망입유리 사용 예 금속망
- 액체위험물 취급하는 바닥은 위험물이 스며들지 못하는 재료 사용, 적당한 경사를 두어 최저부
  에 집유설비
  - └→ vs 외부는 유분리기 필요

V. 채광·조명 및 환기설비
  └→ 둘 중 하나만 해도 가능, 위치구조·설비변경은 허가

- 채광설비: 불연재료, 채광면적 최소화
  - └→ 내부온도상승 우려
- 조명설비
  - ┌ 가연성 가스 등 체류 우려 있는 장소는 방폭등 설치
  - ├ 전선은 내화·내열전선
  - └ 점멸스위치는 출입구 바깥부분에 설치
    - └→ 화재·폭발 우려가 없는 경우 제외

- 환기설비

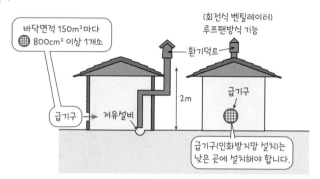

┌ 환기구는 지붕 위 또는 지상 2m 이상 높이에 회전식 고정벤틸레이터 또는 루프팬방식으로 설치
│ └→ 간이탱크: 1.5m 이상 높이
├ 자연배기방식 환기
├ 급기구: 바닥면적 150m² 마다 1개 이상, 크기는 800cm² 이상

바닥면적	급기구면적
60m² 미만	150cm² 이상
60m² 이상 90m² 미만	300cm² 이상
90m² 이상 120m² 미만	450cm² 이상
120m² 이상 150m² 미만	600cm² 이상

└ 급기구는 낮은 곳에 설치하고 가는 눈의 구리망 등 인화방지망 설치 → 환기구에 설치 ×
   └→ 불꽃이 번지는 것을 방지, 도체로 열 분산
- 배출설비 설치 시 환기설비 면제 가능, 조명설비 설치 시 채광설비 면제 가능

VI. 배출설비
- 배기방식: 배풍기 ⇨ 후드(자동폐쇄식 방화댐퍼) ⇨ 배출 덕트
- 국소방식 배출원칙
- 전역방식
  ┌ 위험물취급설비가 배관이음 등으로만 된 경우
  └ 전역방식이 유효한 경우
- 배출설비: 배풍기, 배출 덕트, 후드 등을 이용하여 강제적으로 배출
- 배출능력: 1시간당 배출장소 용적의 20배 이상(전역방식은 바닥면적 1m²당 18m³ 이상)
- 급기구 및 배출구 ──→ vs 환기설비 급기구는 낮은 곳
  ┌ 높은 곳에 설치
  ├ 가는 눈의 구리망 등으로 인화방지망 설치
  │   └→ 환기구에는 ×, 하수: 환기설비, 배출설비
  ├ 지상 2m 이상 설치
  └ 방화댐퍼 설치

Ⅶ. 옥외설비의 바닥 → 물 속에 저장하는 CS_2 제외

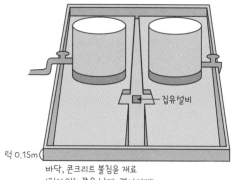

집유설비

턱 0.15m

바닥, 콘크리트 불침윤 재료
(턱이 있는 쪽을 낮게, 경사지게)

- 위험물이 외부로 흘러가지 아니하도록 높이 0.15m 이상 턱 설치(턱이 있는 쪽 낮게 경사)
  ↳ vs 간이턱 0.1m 이상, 펌프실(액체 위험물 이송 장치) 0.2m 이상

- 바닥 최저부에 집유설비

- 위험물이 직접 배수구에 흘러들어가지 않도록 유분리장치 설치
  ↳ 옥외라서 빗물과 기름이 섞임

Ⅷ. 기타설비

- 위험물 누출 · 비산 방지

- 온도측정장치

- 가열건조설비

- 압력계 및 안전장치
  ┌ 자동적으로 압력 상승을 정지시키는 장치(안전밸브)
  ├ 안전밸브를 부착한 감압밸브
  ├ 안전밸브를 병용하는 경보장치
  └ 파괴판 → 안전밸브 설치가 어려운 경우, 얇은 금속판을 여러 개 겹쳐 놓음(1회용): 박판

- 전기설비

- 정전기 제거설비
  ┌ 접지
  ├ 상대습도 70% 이상
  └ 공기 이온화

- 피뢰설비: 지정수량 10배 이상
  ↳ 제6류 위험물 취급소 및 안전한 경우 제외

경보설비 설치대상: 비상경보설비, 비상방송설비, 자동화
재탐지 측정장치(휴대용 확성기 포함), 자동화재속보설비

- 전동기 등

IX. 위험물 취급탱크

- 옥외에 있는 위험물취급탱크
  ↳ 지정수량 5분의 1 미만 용량 제외

- 액체위험물 옥외탱크는 방유제 설치
  ↳ 제4류 이황화탄소 제외(수조저장)

- 방유제 용량
  - 탱크용량의 50% 이상: 1기
  - 2기 이상 설치하는 경우
    ↳ 용량 최대인 탱크의 50%에 나머지 탱크용량 합계의 10%를 가산한 양 이상

 찐tip
- 건조설비 설치 ×: 습기가 제거되면 정전기 발생 위험 증가
- 펌프설비 주위에는 3m 이상의 공지 보유

지하탱크저장소의 위치·구조 및 설비 기준

지하탱크 저장소의 위치·구조 및 설비의 기준

- 탱크전용실은 지하의 가장 가까운 벽·피트·가스관 등의 시설물 및 대지경계선으로부터 0.1m 이상 떨어진 곳에 설치
- 지하저장탱크와 탱크전용실의 안쪽과의 사이는 0.1m 이상 간격 유지
- 지하저장탱크 윗부분은 지면으로부터 0.6m 이상 아래에 위치
- 통기관은 지하저장탱크 윗부분에 연결

누유검사관 - 지하탱크
- 지하저장탱크의 주위에 당해 탱크로부터의 액체위험물의 누설검사를 위한 관
- 탱크중심부까지는 이중관, 소공이 없는 상부는 단관
- 재료는 금속관 또는 경질합성수지관
- 탱크전용실의 바닥 또는 탱크 기초까지 닿게 할 것
- 상부는 물이 침투하지 않는 구조로 검사시 뚜껑을 쉽게 열 수 있도록 할 것

**간이탱크저장소의
위치·구조 및
설비기준**

간이탱크저장소의 위치·구조 및 설비의 기준

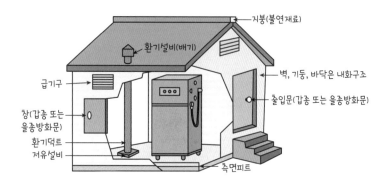

- 지붕(불연재료)
- 환기설비(배기)
- 급기구
- 창(갑종 또는 을종방화문)
- 환기덕트
- 저유설비
- 벽, 기둥, 바닥은 내화구조
- 출입문(갑종 또는 을종방화문)
- 측면피트

- 간이저장탱크 용량: 600L(3드럼) 이하

- 하나의 간이탱크저장소에 설치하는 간이저장탱크는 3개 이하, 동일한 품질의 위험물의 간이저장탱크는 2개 이상 설치 금지

- 옥외에 설치하는 경우 1m 이상 공지 확보

- 밸브 없는 통기관 또는 대기밸브부착 통기관 설치

    ┌ 지름 25mm 이상

    ├ 높이 지상 1.5m 이상

    ├ 끝부분은 수평면에 대하여 아래로 45° 이상 구부리기

    └ 가는 눈의 구리망 인화방지장치

주유취급소의 위치·구조 및 설비 기준

주유취급소의 위치·구조 및 설비의 기준

- 주유공지
  - 너비 15m 이상, 길이 6m 이상의 공지 보유
  - 바닥은 주위 지면보다 높고 경사지게 하여 배수구·집유설비 및 유분리장치 설치
- 표지판

위험물주유취급소: 백색 바탕, 흑색 문자	세로 0.3m 이상 가로 0.6m 이상
화기엄금: 적색 바탕, 백색 문자	가로 0.3m 세로 0.6m 이상

- 급유공지: 고정급유설비의 호스기기의 주위에 필요한 공지
  - → 정확한 길이를 두지 않음

주유중엔진정지: 황색 바탕, 흑색 문자

- 고정주유설비와 고정급유설비 사이 거리 4m 이상 유지
- 주유취급소에 설치할 수 있는 시설: 주거시설, 전시장, 간이정비 작업장, 사무소, 세정 작업장, 전기자동차용 충전설비
  - → 볼링장 등과 같이 다수가 이용하는 시설, 일반음식점 포함 × (예외: 휴게음식점)
- 주유원 간이대기실: 불연재료, 바퀴가 부착되지 아니한 고정식, 바닥면적 2.5m² 이하
- 담 또는 벽: 자동차 등이 출입하는 쪽 외의 부분에 높이 2m 이상의 내화구조 또는 불연재료로 설치
- 고속국도주유취급소의 특례: 탱크의 용량 6만L까지 가능
  - → vs 보통은 5만L 이하

 찐tip
- 고정주유설비 또는 고정급유설비의 주유관 길이: 5m 이내
- 주유 및 급유공지의 바닥은 주위지면보다 높게! (경사 + 집유설비 + 유분리장치)
- 주유취급소 중 주유를 위한 저장탱크 종류 = 지하탱크
- 주유기, 급유기 전용탱크 용량: 5만L 이하
- 보일러, 전용탱크 용량: 1만L 이하, 폐유 전용탱크 용량: 2천L 이하

1. 제1류 위험물: 가연물과의 접촉·혼합이나 분해를 촉진하는 물품과의 접근, 과열·충격·마찰 등
   을 피함. 단, 알카리금속의 과산화물은 물과의 접촉을 피함

2. 제2류 위험물: 산화제와의 접촉·혼합이나 불티·불꽃·고온체와의 접근 또는 과열을 피함. 단,
   철분·금속분·마그네슘은 물이나 산과의 접촉을 피하고 인화성 고체는 증기를 발생시키지 않음

3. 제3류 위험물

   ┌ 자연발화성물질: 불티·불꽃 또는 고온체와의 접근·과열 또는 공기와의 접촉을 피함
   └ 금수성물질: 물과의 접촉을 피함

4. 제4류 위험물: 불티·불꽃·고온체와의 접근 또는 과열을 피하고, 함부로 증기를 발생시키지 아니함

5. 제5류 위험물: 불티·불꽃·고온체와의 접근이나 과열·충격 또는 마찰을 피함

6. 제6류 위험물: 가연물과의 접촉·혼합이나 분해를 촉진하는 물품과의 접근 또는 과열을 피함

◎ 중요 기출지문 모음 zip

1. 옥외저장탱크에서 저장 또는 취급하는 위험물의 최대수량이 지정수량의 500배 초과 1천배 이하인 경우에는 5m 이상
   의 공지 너비를 갖추어야 한다.

2. 옥외저장탱크의 펌프설비의 주위에는 너비 3m 이상의 공지를 보유하여야 한다. 다만, 방화상 유효한 격벽을 설치하는
   경우와 제6류 위험물 또는 지정수량의 10배 이하 위험물의 옥외저장탱크의 펌프설비에 있어서는 그러하지 아니하다.

3. 환기는 자연배기방식으로 하고, 급기구 면적은 바닥면적 90m^2 이상 120m^2 미만인 경우에는 450cm^2 이상으로 하여야
   한다.

4. 환기설비의 급기구는 낮은 곳에 설치하고 가는 눈의 구리망 등으로 인화방지망을 설치하여야 한다.

5. 인화점이 100℃ 이상인 제4류 위험물을 고인화점위험물이라 한다.

01 총칙

목적

소방시설공사 및 소방기술의 관리에 필요한 사항을 규정함으로써 소방시설업을 건전하게 발전시키고 소방기술을 진흥시켜 화재로부터 공공의 안전을 확보하고 국민경제에 이바지함
┕→ 국민의 생명·신체 보호 ✕

정의

22. 공채

1. 소방시설업

 ┌─ 소방시설설계업(설계도서): 공사계획, 설계도면, 설계설명서, 기술계산서 및 이와 관련된 서류 작성하는 영업

 ├─ 소방시설공사업(시공): 설계도서에 따라 소방시설을 신설, 증설, 개설, 이전 및 정비하는 영업

 ├─ 소방공사감리업(감리): 발주자의 권한을 대행하여 적법하게 시공되는지 확인하고 품질·시공관리에 대한 기술지도하는 영업

 └─ 방염처리업(방염): 방염대상 물품에 대하여 방염처리하는 영업

2. 소방시설업자: 소방시설업을 등록한 자

3. 감리원: 소방공사감리업자에 소속된 소방기술자
 ┕→ ≠ 감리업자

4. 소방기술자: 소방시설관리사, 소방기술사, 소방설비기사, 소방설비산업기사, 위험물기능장, 위험물산업기사, 위험물기능사 ─→ 산업안전기사 포함 ✕
 ┕→ 소방기술자 인정 자격수첩을 발급 받은 자

5. 발주자: 소방시설의 설계, 시공, 감리 및 방염을 소방시설업자에게 도급하는 자
 ┕→ 수급인으로 도급받은 공사를 하도급한 자 제외

🧑 찐tip 소방시설업은 소방시설설계업·소방시설공사업·소방공사감리업 및 방염처리업을 말함

소방시설공사등 관련 주체의 책무

1. 소방청장: 소방시설공사등의 품질과 안전이 확보되도록 소방시설공사등에 관한 기준 등을 정하여 보급

2. 발주자: 공정한 기준과 절차에 따라 능력 있는 소방시설업자 선정

3. 소방시설업자: 소방시설공사등에 관한 법령 준수, 설계도서·시방서 및 도급계약의 내용 등에 따라 성실하게 수행

> 🧑 찐 tip   소방시설공사등이라 함은 설계·시공·감리·방염을 말함

---

1. 「소방시설공사업법」은 소방시설공사 및 소방기술의 관리에 필요한 사항을 규정함으로써 소방시설업을 건전하게 발전시키고 소방기술을 진흥시켜 화재로부터 공공의 안전을 확보하고 국민경제에 이바지함을 목적으로 한다.

2. 소방공사감리업은 방시설공사에 관한 발주자의 권한을 대행하여 소방시설공사가 설계도서와 관계 법령에 따라 적법하게 시공되는지를 확인하고, 품질·시공 관리에 대한 기술지도를 하는 영업을 말한다.

3. 소방시설업이란 소방시설설계업, 소방시설공사업, 소방공사감리업, 방염처리업을 말한다.

4. 소방시설설계업자는 시설업 경영을 위하여 소방시설업에 등록한 자를 말한다.

02 소방시설업

소방시설업 등록
`22. 공채`

1. 소방시설공사등을 하려는 자는 업종별로 자본금, 기술인력 등 대통령령으로 정하는 요건을 갖추어 시·도지사에게 소방시설업 등록

2. 소방시설업의 업종별 영업범위: 대통령령으로 정함
   ↳ vs 소방시설업 등록 필요사항: 행정안전부령으로 정함

3. 지방공사나 지방공단이 다음의 요건을 갖춘 경우 시·도지사에게 등록하지 않고 자체 기술인력을 활용하여 설계·감리 가능 → 공사는 반드시 등록한 자에게!

   ┌ 주택의 건설·공급을 목적으로 설립
   └ 설계·감리 업무를 주요 업무로 규정

 찐 tip
- 소방시설업의 등록신청과 등록증·등록수첩의 발급·재발급·재교부신청, 그 밖의 소방시설업 등록에 필요한 사항
  ⇨ 행정안전부령
- 소방시설업의 종류, 영업의 범위, 등록기준 등 필요한 사항
  ⇨ 대통령령

등록요건

1. 자본금(공사업에 한함)

2. 기술인력(설계, 공사, 감리)
   ↳ 방염 포함 ×

3. 실험실(방염업)

4. 검토 ⇨ 등록증 및 등록수첩 교부 ⇨ 운영

   ┌ 15일 이내에 등록증 및 등록수첩 교부
   │   ↳ vs 다른 것들은 등록기한 제한 ×
   └ 미비 시 10일 이내 보완
       ↳ 소방시설관리업 등록보완도 동일

소방시설업의 업종별 등록기준 및 영업범위

소방시설업의 업종별 등록기준 및 영업범위

↳ 장비 포함 × (방염업만)

구분	전문 소방시설설계업 ↳ 전기, 기계 모두 가능		영업범위	일반 소방시설설계업 ↳ 전기, 기계 나누어짐	
	기술인력	영업범위		기술인력	영업범위

소방시설설계업	• 주된 기술인력: 소방기술사 1명 이상
	• 보조 기술인력: 1명 이상
				• 주된 기술인력: 소방기술사 또는 기계 및 전기분야 소방설비기사 1명 이상
				• 보조 기술인력: 1명 이상
					• 아파트
					  ↳ 제연설비 제외
					• 연면적 3만m² 미만 특정소방대상물
					  ↳ 공장은 연면적 1만m² 미만
					• 위험물제조소등

소방시설공사업	• 주된 기술인력: 소방기술사 또는 기계 및 전기분야 소방설비기사 각 1명 이상 • 보조 기술인력: 2명 이상 ↳ vs 나머지는 1명		전부	• 주된 기술인력: 소방기술사 또는 기계 및 전기분야 소방설비기사 1명 이상 • 보조 기술인력: 1명 이상	• 연면적 1만m² 미만 특정소방대상물 • 위험물 제조소등

소방공사감리업	• 소방기술사 1명 이상
	• 기계 및 전기 분야 특급감리원 각 1명 이상
	• 기계 및 전기 분야 고급감리 각 1명 이상
	• 기계 및 전기 분야 중급감리 각 1명 이상
	• 기계 및 전기 분야 초급감리 각 1명 이상
				• 기계 및 전기분야 특급감리 1명 이상
				• 기계 및 전기분야 고급 또는 중급감리 1명 이상
				• 기계 및 전기분야 초급감리 1명 이상
					• 아파트
					  ↳ 제연설비 제외
					• 연면적 3만m² 미만 특정소방대상물
					  ↳ 공장은 연면적 1만m² 미만
					• 위험물제조소등

방염처리업	• 섬유류 방염업 • 합성수지류 방염업 • 합판·목재류 방염업 ↳ 종이류 ×			실험실 1개 이상	

(소방시설공사업 옆 여백) 기계 및 전기분야 함께 취득한 자는 1명

(소방공사감리업 옆 여백) 기계 및 전기분야 함께 취득한 자는 1명

 찐tip 설계업과 감리업의 영업범위가 같음

소방시설업 등록증 또는 등록수첩 재발급 및 반납

1. 재발급: 분실, 훼손 ⇨ 신청 ⇨ 시·도지사 3일 이내 재발급

2. 반납: 등록 취소, 재발급 후 다시 찾음 ⇨ 지체없이 시·도지사에게 반납

등록 결격사유
`22. 공채`

1. 피성년후견인

2. 금고 이상의 실형을 선고받고 그 집행이 끝나거나 면제된 날부터 2년이 지나지 아니한 사람

3. 금고 이상의 형의 집행유예를 선고받고 그 유예기간 중에 있는 사람
   ↳ 유예기간은 끝나기만 하면 됨

4. 소방시설업 등록이 취소된 날부터 2년이 지나지 아니한 자
   ↳ 피한정후견인, 파산신고를 받고 복구되지 않은 자 포함 ✕

등록사항의 변경신고

1. 행정안전부령으로 정하는 바에 따라 시·도지사에게 신고

2. 중요 사항 변경: 상호, 명칭, 대표자, 영업소 소재지, 기술인력
   ↳ 자본금 포함 ✕

3. 소방시설업자는 등록사항이 변경된 경우 변경일부터 30일 이내에 등록사항 변경신고서에 변경
사항별로 서류를 첨부하여 협회에 제출   ↳ 전자문서 포함

   ┌ 등록증 및 등록수첩 제출: 상호, 명칭, 대표자, 영업소 소재지 변경
   └ 등록수첩 및 기술인력 증빙서류: 기술인력 변경
     ↳ 기술인력 연명부 ✕

 찐 tip
- 등록신청 서류 보완: 10일 이내
- 등록: 15일 이내 등록증 및 등록수첩 교부
- 승계: 10일 이내 교부(시설업만) ⇨ 대부분 승계 14일 이내 교부
- 주요사항 변경이 있는 경우: 5일 이내

> 등록사항의 중요사항 변경 - 상. 명. 대. 기. 소.
> - 상호
> - 명칭
> - 대표자
> - 기술인력
> - 영업소 소재지

**소방시설업자의
지위승계**

1. 소방시설업자의 지위를 승계하려는 경우 30일 이내에 시·도지사에게 신고
   - 소방시설업자가 사망한 경우 그 상속인
   - 소방시설업자가 영업을 양도한 경우 그 양수인
   - 다른 법인과 합병 후 존속하는 법인이나 합병으로 설립되는 법인

2. 지위승계 신고 서류를 제출받은 협회는 구일 이내에 승계 사실 확인 후 시·도지사에게 보고,
   시·도지사는 3일 이내에 등록증 및 등록수첩 발급
   ↳ 관리업 지위승계 신고 후 14일 이내 교부, VS 다른 법은 보통 14일

**소방시설업의
운영**

1. 소방시설업의 등록증 또는 등록수첩 대여 금지

2. 영업정지처분이나 등록취소처분을 받은 그 날부터 소방시설공사등 금지
   ↳ 도급계약이 해지되지 않은 경우 제외

3. 특정소방대상물의 관계인에게 지체없이 통지
   - 소방시설업자의 지위 승계
   - 소방시설업 등록취소처분 또는 영업정지처분
   - 휴업 또는 폐업

4. 소방시설업자는 관계 서류를 하자보수 보증기간 동안 보관
   - 소방시설설계업: 소방시설 설계기록부, 소방시설 설계도서
   - 소방시설공사업: 소방시설 공사기록부
   - 소방공사감리업: 소방공사 감리기록부, 감리일지, 소방시설의 완공 당시 설계도서

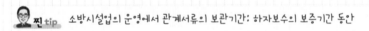 **찐 tip** 소방시설업의 운영에서 관계서류의 보관기간: 하자보수의 보증기간 동안

등록취소와 영업 정지 등	등록을 취소하거나 6개월 이내의 기간을 정하여 시정이나 영업정지 명령 → 영업정지: 최대 6개월, 자격정지: 최소 6개월, 취소: 2년 동안 금지

등록을 취소하거나 6개월 이내의 기간을 정하여 시정이나 영업정지 명령 → 영업정지: 최대 6개월,
 자격정지: 최소 6개월,
 취소: 2년 동안 금지

- 거짓이나 그 밖의 부정한 방법으로 등록
- 결격사유에 해당　　　　　　　　　　　　→ 1차 행정처분 시 취소
- 영업정지 기간 중에 소방시설공사등을 시행
- 등록기준에 미달하게 된 후 30일 경과
- 등록 후 정당한 사유 없이 1년이 지날 때까지 영업을 시작하지 않거나 계속하여 1년 이상 휴업
- 등록증 또는 등록수첩 대여: 1차 영업정지 6개월, 2차 취소
  └→「소방시설공사업법」에서는 바로 취소 ×, 2-2분법이나 3분법이면 1차 취소

> 🧑 찐tip　소방시설업에 대한 행정처분: 위반행위의 차수에 따른 행정처분기준은 최근 1년 간 같은
> 위반행위로 행정처분을 받은 경우에 적용. 이 경우 기준적용일은 위반사항에 대한 행정
> 처분일과 그 처분 후 다시 적발한 날을 기준으로 함

과징금처분

1. 시·도지사는 영업정지처분을 갈음하여 2억원 이하의 과징금 부과 가능

2. 필요사항은 행정안전부령으로 정함

🎯 중요 기출지문 모음 zip

1. 특정소방대상물의 소방시설공사등을 하려는 자는 업종별로 자본금(개인: 자산 평가액), 기술인력 등 대통령령으로 정하는 요건을 갖추어 특별시장·광역시장·특별자치시장·도지사 또는 특별자치도지사에게 소방시설업을 등록하여야 한다.

2. 소방시설업자는 소방시설업을 휴업·폐업 또는 재개업하는 때에는 행정안전부령으로 정하는 바에 따라 시·도지사에게 신고하여야 한다.

소방시설공사

설계
소방시설설계업을 등록한 자(설계업자)는 화재안전기준에 맞게 소방시설 설계, 중앙소방기술심의위원회의 심의를 거쳐 특수한 설계(구조·공법)로 인정된 경우는 화재안전기준을 따르지 아니할 수 있음

성능위주설계
1. 소방대상물의 용도, 위치, 구조, 수용인원, 가연물의 종류 및 양을 고려하여 설계

2. 자격
 ┌ 전문소방시설설계업을 등록한 자
 └ 전문소방시설설계업 등록기준에 따른 기술인력을 갖춘 자로서 소방청장이 고시하는 연구기관 또는 단체

3. 기술인력: 소방기술사 2명 이상

시공
↳ 반드시 소방시설 공사업자만 시공

1. 소방시설공사업을 등록한 자(공사업자)는 화재안전기준에 맞게 시공
 ↳ 특수 시공 제외

2. 공사업자는 책임시공 및 기술관리를 위하여 대통령령으로 정하는 바에 따라 소속 소방기술자를 공사 현장에 배치

3. 소방기술자 배치기준: 1인의 소방기술자를 2개의 공사현장에 초과하여 배치 금지
 ↳ 연면적 5천m^2 미만 공사 제외

소방기술자의 배치기준

23. 공채 · 경채

소방기술자의 배치기준 및 배치기간

소방기술자의 배치기준	소방시설공사 현장의 기준
특급기술자인 소방기술자 (기계분야 및 전기분야)	• 연면적 20만m² 이상인 특정소방대상물 • 지하층 포함 40층 이상인 특정소방대상물
고급기술자 이상의 소방기술자 (기계분야 및 전기분야)	• 연면적만 3만m² 이상 20만m² 미만인 특정소방대상물 ↳ 아파트 제외 • 지하층 포함 16층 이상 40층 미만인 특정소방대상물
중급기술자 이상의 소방기술자 (기계분야 및 전기분야)	• 물분무등소화설비 또는 제연설비가 설치되는 특정소방대상물 → 호스릴방식 제외 • 연면적 5천m² 이상 3만m² 미만인 특정소방대상물 ↳ 아파트 제외 • 연면적 1만m² 이상 20만m² 미만인 아파트
초급기술자 이상의 소방기술자 (기계분야 및 전기분야)	• 연면적 1천m² 이상 5천m² 미만인 특정소방대상물 ↳ 아파트 제외 • 연면적 1천m² 이상 1만m² 미만인 아파트 • 지하구
자격수첩을 발급받은 소방기술자	연면적 1천m² 미만인 특정소방대상물

착공신고
  ↳ vs 감리원 배치

1. 공사업자는 공사의 내용, 시공 장소, 그 밖에 필요한 사항을 소방본부장이나 소방서장에게 신고
  ↳ 시 · 도지사 ✕

2. 중요한 사항 변경 시 행정안전부령으로 정하는 바에 따라 소방본부장이나 소방서장에게 변경신고

착공신고 대상

22. 공채

구분	기계	전기
특정소방대상물에 소방시설을 신설하는 공사	옥내·외소화전, 스프링클러설비등, 물분무등소화설비(물분무, 포, CO_2, 할론, 할로겐화합물 및 불활성기체, 분말, 강화액), 소화활동설비, 소화용수설비	경보설비(자동화재탐지설비, 비상경보설비, 비상방송설비), 소화활동설비(비상콘센트설비, 무선통신보조설비)
특정소방대상물에 설비 또는 구역 등을 증설하는 공사	옥내·외소화전, 방호구역, 제연구역, 살수구역, 송수구역	자동화재탐지설비(경계구역), 비상콘센트설비(전용회로)
개설, 이전, 정비	수신반, 소화펌프, 동력(감시)제어반	

착공신고 제외 대상

- 이중신고 제한
  ↳ 착공신고 대상이지만 「소방시설공사업법」에 따라 착공신고 제외, 감리 받아야 함
- 정보통신공사업자: 비상방송설비, 무선통신보조설비
- 기계가스설비 공사업자 또는 상하수도설비 공사업자: 소방용수설비
- 기계가스설비 공사업자: 제연설비
- 전기공사업자: 비상콘센트설비

착공신고절차

1. 착공 전까지 소방시설공사 착공신고서와 첨부서류를 소방본부장·소방서장에게 신고
   ↳ 첨부서류: 등록증 및 등록수첩, 기술자격증 사본, 설계도서, 하도급 통지서 사본

2. 2일 이내 등록수첩 교부

| 변경신고절차 | 1. 시공자, 소방시설의 종류를 변경일로부터 30일 이내에 소방본부장·소방서장에게 신고 |
| | 2. 2일 이내 처리 |

완공검사
`21. 공채`

1. 검사권자: 소방본부장 또는 소방서장

2. 공사감리사가 지정되어 있는 경우 공사감리 결과보고서로 완공검사를 갈음하되, 특정소방대상
   물의 경우에는 소방본부장이나 소방서장이 공사감리 결과보고서대로 완공되었는지 현장에서
   확인 가능
   ↳ 감리자 지정 대상이 아닌 경우, 공사업자가 완공검사 신청

3. 부분완공검사: 소방본부장이나 소방서장에게 신청 가능

4. 검사 이후 완공검사증명서나 부분완공검사증명서 발급

5. 필요사항은 행정안전부령으로 정함

완공검사 현장 확인대상
↳ 적합한 경우 7일 이내 완공검사 증명서 교부
`19·20. 공채`

1. 연면적 1만m² 이상, 층수 11층 이상
   ↳ 아파트 제외

2. 가연성 가스 노출 탱크용량의 합계 1천톤 이상
   ↳ 지상에 노출된 것, 지하는 용량제한 ×

3. 노유자시설, 수련시설, 다중이용업소, 창고시설, 문화 및 집회시설, 숙박시설, 판매시설, 지하상
   가, 종교시설, 운동시설
   ↳ 공장, 업무시설, 터널, 의료시설 포함 ×

4. 물분무등소화설비, 스프링클러설비 등
   ↳ 호스릴방식 제외

> 10개 특정대상물
> 노.수.다.창.문 / 숙.판.지.종.운
> 노유자시설, 수련시설, 다중이용업소, 창고
> 시설, 문화 및 집회시설, 숙박시설, 판매시설,
> 지하상가, 종교시설, 운동시설

공사의 하자보수
`21. 공채`

1. 소방시설에 하자가 있을 때에는 대통령령으로 정하는 기간 동안 하자를 보수

2. 통보를 받은 공사업자는 3일 이내에 하자보수를 하거나 하자보수계획을 관계인에게 서면으로
   통지

하자보수 보증기간
19. 공채, 23. 경채

1. 3년: 기계설비(자동소화장치, 옥내·외소화전설비, 스프링클러설비, 간이스프링클러설비, 물분무등소화설비, 상수도소화용수설비, 비상콘센트설비 및 소화활동설비), 전기설비 중 자동화재탐지설비
   ↳ 소화활동설비 중 무선통신보조설비 제외

2. 2년: 전기설비(유도등, 유도표지, 비상경보설비, 비상조명등, 비상방송설비 및 무선통신보조설비), 기계설비 중 피난기구

공사감리자의 업무
21. 공채,
23. 공채 · 경채

1. 적법성 검토
   - 소방시설등의 설치계획표
   - 피난·방화시설
   - 실내장식물의 불연화 및 방염물품

2. 적합성 검토
   - 소방용 기계·기구 등의 위치·규격 및 사용자재
   - 시공 상세도면, 설계도서, 설계변경 사항

3. 공사업자 지도·감독
   ↳ 설계업자 ×

4. 성능시험
   ↳ 검사 ×

소방공사 감리의 종류, 방법 및 대상	
상주공사감리 (현장상주)	• 연면적 3만m² 이상인 특정소방대상물 　↳ 아파트 제외 • 지하층 포함 16층 이상으로서 500세대 이상인 아파트
일반공사감리	• 상주공사감리에 해당하지 않는 공사 • 감리원은 행정안전부령으로 정하는 기간 중 주 1회 이상 방문 • 감리업자는 감리원이 14일 이내의 범위에서 감리업무를 수행할 수 없는 경우 업무대행자를 지정하여 수행 　↳ 업무대행자는 주2회 이상 방문

공사감리자의 지정

21. 공채

1. 관계인이 소방시설공사의 감리를 위하여 감리업자를 공사감리자로 지정

2. 행정안전부령으로 정하는 바에 따라 소방본부장이나 소방서장에게 신고 및 **변경신고**
   ↳ vs 감리원 배치통보는 감리자

공사감리자 지정 대상

↳ 구조, 용도변경으로 가스누설경보기 추가 설치 제외

1. 옥내·외소화전설비: 신설·개설·증설

2. 스프링클러설비등: 신설·개설·증설
   ↳ 캐비닛형 간이스프링클러설비 제외

3. 물분무등소화설비: 신설·개설·증설
   ↳ 호스릴 제외

4. 자동화재탐지설비: **신설·개설**
   ↳ 비상경보설비 제외, 경계구역, 증설 제외

5. 통합감시시설: 신설·개설

6. 소화용수설비: 신설·개설

7. 소화활동설비: 신설·개설·구역 증설(제연구역, 송수구역, 전용회로, 살수구역)

8. 비상방송설비: 신설·개설

9. 비상조명등: 신설·개설

소방공사 감리원의 배치기준 및 배치기간

감리원 배치기준		소방시설공사현장의 기준
책임감리원	보조감리원	
행정안전부령으로 정하는 특급감리원 중 소방기술사		• 연면적 20만m² 이상인 특정소방대상물 • 지하층 포함 40층 이상인 특정소방대상물
특급감리원 이상의 소방공사 감리원	초급감리원 이상의 소방공사 감리원	• 연면적 3만m² 이상 20만m² 미만인 특정소방대상물 └ 아파트 제외 • 지하층 포함 16층 이상 40층 미만인 특정소방대상물
고급감리원 이상의 소방공사 감리원		• 물분무등소화설비 또는 제연설비가 설치된 특정소방대상물 └ 호스릴 방식 제외 • 연면적 3만m² 이상 20만m² 미만인 아파트
중급감리원 이상의 소방공사 감리원		연면적 5천m² 이상 3만m²미만인 특정소방대상물
초급감리원 이상의 소방공사 감리원		• 연면적 5천m² 미만인 특정소방대상물 • 지하구

- 책임감리원: 공사 전반에 관한 감리업무를 총괄하는 사람
- 보조감리원: 책임감리원을 보좌하고 책임감리원의 지시를 받아 감리업무를 수행하는 사람
- 소방시설공사현장 연면적 합계가 20만m² 이상: 20만m²를 초과하는 연면적에 대해 10만m²마다 보조감리원 1명 이상 추가 배치 └ 특급 중 소방기술사 감리 현장
- 상주 공사감리에 해당하지 않는 경우 보조감리원을 배치하지 않을 수 있음
- 배치기간: 소방시설공사의 착공일부터 완공검사증명서 발급일까지의 기간 중 행정안전부령으로 정하는 기간

1. 감리업자는 감리를 할 때 소방시설공사가 설계로서나 화재안전기준에 맞지 아니할 때에는 관계인에게 알리고, 공사업자에게 그 공사의 시정 또는 보완 등을 요구

2. 감리업자는 공사업자가 요구를 이행하지 않고 그 공사를 계속할 때에는 소방본부장이나 소방서장에게 보고

공사감리 결과의 통보

23. 공채

1. 감리업자는 소방공사의 감리를 마쳤을 때에는 그 감리 결과를 관계인, 도급인(발주자), 공사를 감리한 건축사에게 서면으로 알리고, 소방본부장이나 소방서장에게 공사감리 결과보고서 제출
   ↳ 행정기관 ✕   ↳ 공사완료 후 7일 이내

 찐 tip 〈소방시설의 시공을 하도급 할 수 있는 경우〉
주택건설사업, 건설업, 전기공사업, 정보통신공사업

2. 결과보고서 첨부 서류

   ┌ 착공신고 후 변경 설계도면
   ├ 소방시설 성능시험조사표
   ├ 소방본부장, 소방서장에게 보고하는 경우 감리일지
   └ 사용승인 신청을 증빙할 수 있는 서류

방염

1. 방염처리업자는 방염성능기준 이상이 되도록 방염

2. 소방청장은 방염처리업자의 방염처리능력 평가 요청이 있는 경우 방염처리 실적 등에 따라 방염처리능력을 평가하여 공시 가능

3. 필요사항은 행정안전부령으로 정함

소방시설공사등의 도급

21. 공채,
23. 공채 · 경채

1. 특정소방대상물의 관계인 또는 발주자는 소방시설공사등을 도급할 때에는 해당 소방시설업자에게 도급

2. 소방시설공사는 다른 업종의 공사와 분리하여 도급

3. 분리 도급 예외

   ┌ 재난 발생으로 긴급 착공
   ├ 기밀 유지 공사
   ├ 연면적 1천m^2 이하인 비상경보설비 설치
   ├ 국가 및 지방자치단체를 당사자로 하는 대안입찰, 일괄입찰
   ├ 국가 및 지방자치단체를 당사자로 하는 실시설계 기술제안입찰, 기본설계기술제안입찰
   └ 문화재수리, 재개발 · 재건축 등의 공사로서 분리하여 도급하는 것이 곤란하다고 시 · 도지사가 인정

노임에 대한 압류의 금지

공사업자가 도급받은 도급금액 중 공사(하도급한 공사 포함)의 근로자 노임 금액은 압류 불가

- 선급금: 공사 전에 미리 지불
- 기성금: 공사 진행 중에 지불
- 준공금: 공사 완료 후 지불

도급의 원칙

20. 공채

1. 소방시설공사등의 도급 또는 하도급의 계약당사자는 서로 대등한 입장에서 합의에 따라 공정하게 계약을 체결하고 신의에 따라 성실하게 계약을 이행

2. 계약을 체결할 때 도급 또는 하도급의 금액, 공사기간, 그 밖에 대통령령으로 정하는 사항을 계약서에 분명히 밝히고 서명날인한 계약서를 서로 보관

3. 도급을 받은 자가 하도급할 때에는 미리 관계인과 발주자에게 통지
   ↳ 따르지 않으면 자동계약해지사유(하수급인 변경 또는 하도급 계약 해지의 경우도 동일)

하도급의 제한

1. ★도급을 받은 자는 설계, 시공, 감리를 제3자에게 하도급할 수 없음

   다만, 시공의 경우 대통령령으로 정하는 바에 따라 도급받은 소방시설공사의 일부를 다른 공사업자에게 하도급 가능

2. 하수급인은 하도급 받은 소방시설공사를 제3자에게 다시 하도급할 수 없음

하도급계약의 적정성 심사

1. 국가, 지방자치단체 또는 대통령령으로 정하는 공공기관의 발주자인 때 적정성 심사 실시(의무)
   ↳ 이외는 권장

2. 하도급계약금액이 대통령령으로 정하는 비율 금액에 미달하는 경우 적정성 심사 실시
   - 도급금액 중 하도급부분에 상당하는 금액의 100분의 82에 해당하는 금액에 미달하는 경우
   - 발주자 예정가격의 100분의 60에 해당하는 금액에 미달하는 경우

하도급계약심사
위원회

1. 구성: 위원장 1명, 부위원장 1명 포함하여 10명 이내
   ↳ 위원 중 위원장이 임명
2. 위원장: 발주기관의 장

   ┌ 발주기관이 시·도인 경우: 해당 기관 소속 2급 또는 3급 공무원 중에서 지명
   └ 발주기관이 공공기관인 경우: 1급 이상 임직원 중에서 발주기관의 장이 지명

3. 위원 자격

   ┌ 과장급 이상 공무원(공공기관의 경우 2급 이상 임직원)
   ├ 연구기관의 연구위원급 이상인 사람
   ├ 박사학위를 취득하고 3년 이상 연구 또는 실무경험이 있는 사람
   ├ 대학(소방 분야 한정)의 조교수 이상인 사람
   └ 소방기술사 자격을 취득한 사람

4. ★임기: 3년, 한차례 연임 가능

5. 재적위원 과반수의 출석으로 개의, 출석위원 과반수의 찬성으로 의결

하도급대금의
지급

1. 수급인은 발주자로부터 도급받은 소방시설공사 등에 대한 준공금을 받은 경우 하도급대금의 전
   부, 기성금을 받은 경우에는 하수급인이 시공하거나 수행한 부분에 상당한 금액을 각각 지급받은
   날부터 15일 이내에 하수급인에게 현금으로 지급
   ↳ 수급인이 발주자로부터 대금을 어음으로 받은 경우 그 어음만기일부터 15일 이내

2. 수급인은 발주자로부터 선급금을 받은 경우 선급금의 내용과 비율에 따라 하수급인에게 선금받
   은 날부터 15일 이내에 선급금을 지급
   ↳ 하도급 계약을 체결하기 전 선급금을 받은 경우 하도급 계약을 체결한 날부터 15일 이내

 찐 tip

                              수급인이 발주자에게 현금으로 받은 경우
                              15일 이내(기성금, 선급금, 준공금)

   ┌──┐
   │   현금 지급   하수급자에게 지불   │
   │   │
   │ 관계인 또는 발주자 ⟹   소방시설업자   ⟹   소방시설업자   │
   │   (수급인)   (하수급인)   │
   └──┘

**하도급계약
자료의 공개**

국가·지방자치단체 또는 대통령령으로 정하는 공공기관이 발주하는 소방시설공사등을 하도급한
경우 자료 공개

도급계약의 해지

↳ 계약이 존속되면
해지 ×, 경고 및
시정명령 포함 ×

1. 소방시설업 등록취소 또는 영업정지

2. 소방시설업 휴업 또는 폐업

3. 정당한 사유 없이 30일 이상 소방시설공사를 계속하지 않음
    ↳ vs 1년은 정지사유, 취소 ×

4. 하도급계약 적정성 심사 결과 미달에 따른 조치명령 및 하수급인 변경 요구에 따르지 않음
    ↳ 자동해지

**공사업자의
감리 제한**

동일한 특정소방대상물의 소방시설에 대한 ☆시공과 감리는 함께 불가능

┌ 공사업자와 감리업자가 같은 자인 경우

├ 기업집단의 관계인 경우

├ 법인과 그 법인의 임직원의 관계인 경우

└ 친족 관계인 경우

시공능력 평가 및 공시

1. 평가·공시권자: 소방청장

2. 관계인 또는 발주자가 적절한 공사업자를 선정할 수 있도록 공사업자의 신청이 있는 경우 공사업자의 소방시설공사 실적, 자본금 등에 따라 시공능력을 평가하여 공시 가능
   ↳ 의무 ×

시공능력 평가의 방법

- 시공능력 평가액 = 실적평가액 + 자본금평가액 + 기술력평가액 + 경력평가액 ± 신인도평가액

- 실적평가액 = 연평균 공사실적액

- 자본금평가액 = (실질자본금 × 실질자본금의 평점 + 소방청장이 지정한 금융회사 또는 소방산업공제조합에 출자·예치·담보한 금액) × 70/100

- 기술력평가액 = 전년도 공사업계의 기술자1인당 평균생산액 × 보유기술인력 가중치합계 × 30/100 + 전년도 기술개발투자액

- 경력평가액 = 실적평가액 × 공사업 경영기간 평점 × 20/100

- 신인도평가액 = (실적평가액 + 자본금평가액 + 기술력평가액 + 경력평가액) × 신인도 반영비율 합계

🎯 중요 기출지문 모음 zip

1. 해당 공사가 중단된 기간 동안 공사업자가 소방기술자를 공사 현장에 배치하지 않는 경우(발주자가 서면으로 승낙하는 경우에 한함)는 민원 또는 계절적 요인 등으로 해당 공정의 공사가 일정 기간 중단된 경우, 예산의 부족 등 발주자(하도급의 경우에는 수급인을 포함한다)의 책임 있는 사유 또는 천재지변 등 불가항력으로 공사가 일정기간 중단된 경우, 발주자가 공사의 중단을 요청하는 경우이다.

2. 자동화재탐지설비의 경계구역의 증설은 착공신고 대상이다.

3. 완공검사를 위한 현장확인대상에는 문화 및 집회시설, 종교시설, 판매시설, 노유자시설, 수련시설, 운동시설, 숙박시설, 창고시설, 지하상가 및 「다중이용업소의 안전관리에 관한 특별법」에 따른 다중이용업소 및 스프링클러설비등, 물분무등 소화설비(호스릴 방식의 소화설비는 제외한다)가 해당한다.

4. 관계인은 하자보수보증 기간에 소방시설의 하자가 발생하였을 때에는 공사업자에게 그 사실을 알려야 하며, 통보를 받은 공사업자는 3일 이내에 하자를 보수하거나 보수 일정을 기록한 하자보수계획을 관계인에게 서면으로 알려야 한다.

**소방기술자의
의무**

1. 관련법과 명령에 따라 적법한 업무 수행

2. 자격증을 빌려주는 행위 금지

3. 동시에 둘 이상 업체에 취업 금지
   ↳ 근무시간 외에 소방시설업이 아닌 다른 업종에 종사하는 경우 제외

**소방기술 경력
등의 인정**
`21 · 23. 공채`

1. 소방청장은 소방기술과 관련된 자격·학력 및 경력을 가진 사람을 소방기술자로 인정

2. 소방청장은 인정받은 사람에게 소방기술인정 자격수첩과 경력수첩 발급 가능

3. 필요사항은 행정안전부령으로 정함

 찐tip 소방기술자가 신청하는 경우, 소방청장 경력관리 가능

소방기술자의 자격의 정지 및 취소에 관한 기준
↳ 취소 시 2년간 자격수첩 발급 ×

- 거짓이나 그 밖의 부정한 방법으로 자격수첩 또는 경력수첩 발급 ⟩→ 1차 행정처분 시 취소

- 자격수첩 또는 경력수첩 대여

- 동시에 둘 이상 업체에 취업
  ↳ 바로 취소 ×

- 법 또는 법에 따른 명령 위반

소방기술자의 실무교육

1. 교육 실시권자: 소방청장
   └→ 실무교육에 필요한 사항을 정하여 고시, 실무교육기관 지정 가능

2. 시기 및 횟수: 2년마다 1회 이상

3. 필요사항은 행정안전부령으로 정함

4. 교육 위탁기관: 한국소방안전원, 실무교육기관

5. 절차: 안전원장 또는 실무교육기관의 장이 교육대상자에게 10일 전까지 통지

6. 교육 미이수 시 그 교육을 이수할 때까지 소방시설관리업의 기술인력으로 등록된 사람으로 보지 않음

 찐 tip
- 실무교육을 위탁받은 실무교육기관 또는 한국소방안전원의 장은 교육에 필요한 계획을 수립하여 소방청장에게 보고한 후 통지
- 실무교육의 시간, 교육과목, 수수료 그 밖에 실무교육에 관하여 필요한 사항은
  ★소방청장이 정하여 고시

소방기술자 양성·인정 교육 훈련기관의 지정 요건
`23. 경채`

1. 전국 4개 이상의 시·도에 이론교육과 실습교육이 가능한 교육·훈련장을 갖출 것

2. 교육훈련 실시 전담인력을 6명 이상 갖출 것

3. 교재 및 강사 매뉴얼을 갖출 것

4. 교육훈련의 신청·수료, 성과측정, 경력관리 등에 필요한 교육훈련 관리시스템을 구축·운영할 것

🎯 중요 기출지문 모음 zip

1. 소방기술자는 다른 사람에게 자격증(자격수첩, 경력수첩)을 빌려 주어서는 아니 된다.

2. 소방청장은 자격·학력 및 경력을 인정받은 사람에게 소방기술 인정 자격수첩과 경력수첩을 발급할 수 있다.

3. 실무교육기관등의 장은 그 해의 교육이 끝난 후 직능별·지역별 교육수료자 명부를 작성하여 소방본부장 또는 소방서장에게 다음 해 1월 말까지 알려야 한다.

4. 소방청장은 소방기술의 효율적인 활용과 소방기술의 향상을 위하여 소방기술로가 관련된 자격·학력 및 경력을 가진 사람을 소방기술자로 인정할 수 있다.

5. 소방기술자는 실무교육을 2년마다 1회 이상 받아야 한다.

6. 소방기술자의 실무교육의 시간, 교육과목, 수수료, 그 밖에 실무교육에 관하여 필요한 사항은 소방청장이 정하여 고시한다.

05 소방시설업자협회

**소방시설업자
협회의 설립**

1. 소방시설업자 10명 이상 발기, 창립총회에서 정관 의결 후 소방청장에게 인가 신청

2. 정관 기재사항: 목적, 명칭, 주된 사무소의 소재지, 사업, 회원가입·탈퇴, 회비, 자산·회계, 임원의
   정원·임기, 기구·조직, 총회·이사회, 정관 변경사항
   ↳ 대표자 포함 ×

3. 협회는 법인으로 함
   ↳ 사단법인으로 운영, 재단법인 ×

4. 필요사항은 대통령령으로 정함

협회의 업무

1. 소방시설업의 기술발전과 소방기술의 진흥을 위한 조사·연구·분석 및 평가

2. 소방산업의 발전 및 소방기술의 향상을 위한 지원

3. 국제교류·활동 및 행사의 유치

4. 위탁 업무의 수행

◎ 중요 기출지문 모음 zip

1. 협회는 소방청장의 인가를 받아 주된 사무소의 소재지에 설립등기를 함으로써 성립한다.

2. 소방시설업의 기술발전과 소방기술의 진흥을 위한 조사·연구·분석 및 평가는 협회의 업무에 해당한다.

06 보칙

청문

1. 소방시설업 등록취소 처분, 영업정지처분: **시·도지사**

2. 소방기술 인정 자격취소 처분: **소방청장**
   └▶ 자격정지 ✕

권한의 위임·위탁 등

소방청장은 권한의 일부를 시·도지사에게 위임 가능

🎯 중요 기출지문 모음 zip

1. 시·도지사, 소방본부장 또는 소방서장은 소방시설업의 감독을 위하여 필요할 때에는 소방시설업자나 관계인에게 필요한 보고나 자료 제출을 명할 수 있고, 관계 공무원으로 하여금 소방시설업체나 특정소방대상물에 출입하여 관계 서류와 시설 등을 검사하거나 소방시설업자 및 관계인에게 질문하게 할 수 있다.

2. 소방시설업 등록취소처분이나 영업정지처분 또는 소방기술 인정자격 취소처분을 하려면 청문을 하여야 한다.

3. 청문자는 시·도지사, 소방본부장 또는 소방서장이며, 취소처분만이 청문대상이고 정지처분은 청문대상이 아니다.

3년 이하 징역 또는 3천만원 이하 벌금

소방시설업 등록을 하지 아니하고 영업한 자

1년 이하 징역 또는 1천만원 이하 벌금

`20. 공채`

1. 영업정지처분을 받고 영업정지 기간에 영업을 한 자

2. 화재안전기준을 위반하여 설계나 시공한 자

3. 거짓으로 감리한 자

4. 공사감리자를 지정하지 아니한 자
   ↳ vs 감리원 미배치: 벌금 300만원

5. 거짓으로 보고한 자

6. 소방시설업자가 아닌 자에게 소방시설공사등을 도급한 자

7. 법을 위반하여 도급받은 소방시설의 설계·시공·감리를 하도급한 자, 법을 위반하여 하도급받은 소방시설공사를 다시 하도급한 자

8. 소방기술자의 의무에 대한 법 또는 명령을 따르지 아니한 자

300만원 이하 벌금

1. 소방시설업의 등록증이나 등록수첩을 빌려준 자
   ↳ vs 2-2 분법: 1년 이하 징역

2. 자격수첩 또는 경력수첩을 빌려준 자

3. 동시에 둘 이상의 업체에 취업한 사람
   ↳ vs 2-2 분법: 1년 이하 징역

4. 감리업자의 보완 요구에 따르지 아니한 자

5. 공사감리 계약을 해지하거나 대가 지급을 거부·지연 등 불이익을 준 자

6. 관계인의 정당한 업무를 방해하거나 업무상 알게 된 비밀을 누설한 자

7. 감리원을 배치하지 아니한 자

| 100만원 이하 벌금 | 1. 소방청장의 행정업무를 위탁받은 기관 등이 정당한 사유 없이 관계 공무원의 출입 또는 검사·조사를 거부·방해 또는 기피한 자 |
| | 2. 소방청장의 행정업무를 위탁받은 기관 등이 명령을 위반하여 보고 또는 자료 제출을 하지 아니하거나 거짓으로 한 자 |

200만원 이하 과태료	1. 소방기술자를 공사 현장에 배치하지 아니한 자 ↳ vs 감리원 미배치: 벌금 300만원 이하
	2. 완공검사를 받지 아니한 자
	3. 3일 이내에 하자를 보수하지 아니하거나 하자보수계획을 관계인에게 거짓으로 알린 자
	4. 관계인에게 지위승계, 행정처분 또는 휴업·폐업의 사실을 거짓으로 알린 자
	5. 관계 서류를 보관하지 아니한 자 ↳ 하자보수 보증기간 동안
	6. 방염성능기준 미만으로 방염을 한 자
	7. 하도급 등의 통지를 아니한 자
	8. 감독등을 위반하여 보고 또는 자료 제출을 하지 아니하거나 거짓으로 보고 또는 자료 제출을 한 자
	9. 변경신고를 하지 아니하거나 거짓으로 한 자

🎯 중요 기출지문 모음 zip

1. 소방시설업 등록을 하지 아니하고 영업을 한 자는 3년 이하의 징역 또는 3천만원 이하의 벌금에 처한다.

2. 공사감리 결과의 통보 또는 공사감리 결과보고서의 제출을 거짓으로 한 자는 1년 이하의 징역 또는 1천만원 이하의 벌금에 처한다.

3. 다른 자에게 자기의 성명이나 상호를 사용하여 소방시설공사등을 수급 또는 시공하게 하거나 소방시설업의 등록증이나 등록수첩을 빌려준 자는 300만원 이하의 벌금에 처한다.

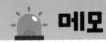

메모

해커스소방 fire.Hackers.com

부록

헷갈리기 쉬운 내용 비교·정리

소방업무	화재예방정책	소방안전특별관리 시설물
• 소방업무종합계획: 소방청장은 화재, 재난·재해, 그 밖의 위급한 상황으로부터 국민의 생명·신체 및 재산을 보호하기 위하여 소방업무에 관한 종합계획을 5년마다 수립·시행하여야 하고, 이에 필요한 재원을 확보하도록 노력하여야 한다. • 세부계획: 시·도지사는 관할 지역의 특성을 고려하여 종합계획의 시행에 필요한 세부계획을 매년 수립하여 소방청장에게 제출하여야 하며, 세부계획에 따른 소방업무를 성실히 수행하여야 한다.	• 기본계획: 소방청장은 화재예방정책을 체계적·효율적으로 추진하고 이에 필요한 기반확충을 위하여 화재의 예방 및 안전관리에 관한 기본계획을 5년마다 수립·시행하여야 한다. 이 경우 기본계획은 대통령령으로 정하는 바에 따라 소방청장이 관계 중앙행정기관의 장과 협의하여 수립한다. • 시행계획: 소방청장은 기본계획을 시행하기 위하여 매년 시행계획을 수립·시행하여야 한다. • 세부시행계획: 관계 중앙행정기관의 장 또는 시·도지사는 소관 사무의 특성을 반영한 세부 시행계획을 수립하여 시행하여야 하고, 시행결과를 소방청장에게 통보하여야 한다.	• 특별관리 기본계획: 소방청장은 특별관리를 체계적이고 효율적으로 하기 위하여 시·도지사와 협의하여 소방안전 특별관리 기본계획을 수립하여 시행하여야 한다. • 특별관리 시행계획: 시·도지사는 소방안전 특별관리 기본계획에 저촉되지 아니하는 범위에서 관할구역에 있는 소방안전 특별관리 시설물의 안전관리에 적합한 소방안전 특별관리 시행계획을 수립하여 시행하여야 한다.

소방업무의 종합계획	화재예방정책의 기본계획	소방안전특별관리 시설물의 특별관리 기본계획
• 소방서비스의 질 향상을 위한 정책의 기본방향 • 소방업무에 필요한 체계의 구축, 소방기술의 연구·개발 및 보급 • 소방업무에 필요한 장비의 구비 • 소방전문인력 양성 • 소방업무에 필요한 기반조성 • 소방업무의 교육 및 홍보(소방자동차의 우선 통행 등에 관한 홍보 포함)	• 화재예방정책의 기본목표 및 추진방향 • 화재안전을 위한 법령·제도의 마련 등 기반 조성에 관한 사항 • 화재예방을 위한 대국민 홍보·교육에 관한 사항 • 화재안전 관련 기술의 개발·보급에 관한 사항 • 화재안전분야 전문인력의 육성·지원 및 관리에 관한 사항 • 화재안전분야 국제경쟁력 향상에 관한 사항	• 화재예방을 위한 중기·장기 안전관리 정책 • 화재예방을 위한 교육·홍보 및 점검·진단 • 화재대응을 위한 훈련 • 화재대응 및 사후조치에 관한 역할 및 공조체계 • 그 밖에 화재 등의 안전관리를 위하여 필요한 사항
		소방안전특별관리 시설물의 특별관리 시행계획
		• 특별관리 기본계획의 집행을 위하여 필요한 사항 • 시·도에서 화재 등의 안전관리를 위하여 필요한 사항

소방시설관리업	• 거짓이나 그 밖의 부정한 방법으로 등록을 한 경우 • 등록의 결격사유에 해당하게 된 경우 • 다른 자에게 등록증이나 등록수첩을 빌려준 경우
탱크시험자	• 거짓이나 그 밖의 부정한 방법으로 등록을 한 경우 • 등록의 결격사유에 해당하게 된 경우 • 다른 자에게 등록증을 빌려준 경우
소방시설업	• 거짓이나 그 밖의 부정한 방법으로 등록을 한 경우 • 등록의 결격사유에 해당하게 된 경우 • 영업정지 기간 중에 소방시설공사등을 한 경우
소방시설관리사	• 거짓이나 그 밖의 부정한 방법으로 시험에 합격한 경우 • 소방시설관리사증을 다른 자에게 빌려준 경우 • 동시에 둘 이상의 업체에 취업한 경우 • 결격사유에 해당하게 된 경우
소방기술인정 자격수첩	• 거짓이나 그 밖의 부정한 방법으로 발급받은 경우 • 다른 자에게 빌려준 경우

소방청장 → 기술원	소방청장 → 안전원
탱크시험자의 기술인력으로 종사하는 자	• 선임된 소방안전관리자 및 소방안전관리보조자 • 소방안전관리업무 대행을 맡긴 경우에 따라 선임된 소방안전관리자 • 소방안전관리자의 자격을 인정받으려는 자 • 위험물안전관리자로 선임된 자 • 위험물운반자로 종사하는 자 • 위험물운송자로 종사하는 자

5 조사 및 점검 등 실시 횟수

월 1회 이상	소방용수시설 및 지리조사
분기별 1회 이상	피난안내방송을 실시하는 방법
반기별 1회 이상	특급소방안전관리대상물의 종합점검
연 1회 이상	• 작동점검(단, 특급소방안전관리대상물 제외), 종합점검 • 위험물 제조소등의 정기점검(단, 구조안전점검 제외)
연 2회 이상	피난안내 교육을 실시하는 방법

6 처리 기간

3일 이내	5일 이내
등록증, 등록수첩을 잃어버린 경우 등의 재교부를 제출받은 때 교부	등록사항의 중요변경신고를 받은 때 교부

7 과태료 부과 및 징수자

「소방기본법」	「소방의 화재조사에 관한 법률」	「화재의 예방 및 안전관리에 관한 법률」	「소방시설 설치 및 관리에 관한 법률」	「위험물안전관리법」	「소방시설공사업법」
소방본부장, 소방서장, 시 · 도지사 (단, 시 · 도 조례에 따른 과태료는 소방본부장, 소방서장)	소방관서장, 경찰서장	소방본부장, 소방서장, 시 · 도지사, 소방청장	소방본부장, 소방서장, 시 · 도지사, 소방청장	소방본부장, 소방서장, 시 · 도지사	소방본부장, 소방서장, 시 · 도지사

1일 전	위험물(품명, 수량, 지정수량의 배수)의 변경신고
2일 이내	소방시설 공사 착공신고 또는 변경신고 처리 기간, 공사감리자 지정신고 또는 변경신고 처리기간
3일 전	화재안전조사의 연기 신청, 등록증 및 등록수첩의 재발급
4일 이내	건축허가등의 보완 요구
5일 이내	건축허가등의 동의 여부 회신, 관리업, 시설업의 중요변경신고 처리기간
7일 이내	건축허가등의 취소 통보, 감리결과 보고서 제출, 성능위주설계 보완기간
10일 이내	특급소방안전관리대상물 건축허가등의 동의 여부 회신, 관리업·시설업의 등록 신청서류 보완, 관리업자등이 자체점검결과보고서를 관계인에게 제출, 교체·정비의 이행계획 완료
14일 이내	소방안전관리자·보조자 및 위험물안전관리자 선임 신고, 위험물 제조소등의 폐지 신고
15일 이내	점검능력 평가·공시 및 시공능력 평가·공시 제출서류 미흡 시 보완기간, 관계인이 자체점검결과보고서를 소방본부장·소방서장에게 제출
20일 이내	철거 후 설치의 이행계획 완료
30일 이내	소방안전관리자·보조자 및 위험물안전관리자 선임, 등록 등의 중요사항 변경신고, 소방시설 공사 변경신고, 공사 감리자 변경신고, 지위승계 신고, 소방시설업의 휴업·폐업 및 재개업 신고
90일 이내	소방안전교육사 시험공고, 소방시설관리사 시험공고, 공사업 등록 시 자산평가액(신청일 전 최근)

| 9 | 선임 절차 |

소방안전관리자 및 보조자

- 특정소방대상물의 관계인은 선임 사유가 발생함에 따라 소방안전관리자를 선임 사유가 발생한 날부터 30일 이내에 선임하여야 한다.
- 소방안전관리대상물의 관계인이 소방안전관리자를 선임한 경우에는 행정안전부령으로 정하는 바에 따라 선임한 날부터 14일 이내에 소방본부장이나 소방서장에게 신고하고, 소방안전관리대상물의 출입자가 쉽게 알 수 있도록 소방안전관리자의 성명과 그 밖에 행정안전부령으로 정하는 사항을 게시하여야 한다.

위험물안전관리자

- 안전관리자를 선임한 제조소등의 관계인은 그 안전관리자를 해임하거나 안전관리자가 퇴직한 때에는 해임하거나 퇴직한 날부터 30일 이내에 다시 안전관리자를 선임하여야 한다.
- 제조소등의 관계인은 안전관리자를 선임한 경우에는 선임한 날부터 14일 이내에 행정안전부령으로 정하는 바에 따라 소방본부장 또는 소방서장에게 신고하여야 한다.
- 안전관리자를 선임한 제조소등의 관계인은 안전관리자가 여행·질병 그 밖의 사유로 인하여 일시적으로 직무를 수행할 수 없거나 안전관리자의 해임 또는 퇴직과 동시에 다른 안전관리자를 선임하지 못하는 경우에는 「국가기술자격법」에 따른 위험물의 취급에 관한 자격취득자 또는 위험물안전에 관한 기본지식과 경험이 있는 자로서 행정안전부령이 정하는 자를 대리자로 지정하여 그 직무를 대행하게 하여야 한다.

관계인(소방안전관리대상물이 아닌 경우)	소방안전관리자
• 피난시설, 방화구획 및 방화시설의 유지 · 관리 • 소방시설이나 그 밖의 소방 관련 시설의 유지 · 관리 • 화기 취급의 감독 • 화재발생 시 초기대응	• 피난계획에 관한 사항과 소방계획서의 작성 및 시행 • 자위소방대 및 초기대응체계의 구성 · 운영 · 교육 • 피난시설, 방화구획 및 방화시설의 유지 · 관리 • 소방훈련 및 교육 • 소방시설이나 그 밖의 소방 관련 시설의 유지 · 관리 • 화기 취급의 감독 • 소방안전관리 업무 수행에 관한 기록 · 유지 • 화재발생 시 초기대응

건축으로 신규 선임	해당 특정소방대상물의 완공일
증축 또는 용도변경으로 인하여 특급소방안전관리대상물로 상향	증축공사의 완공일 또는 용도변경 사실을 건축물관리대장에 기재한 날
양수 및 경매, 압류재산매각에 의하여 관계인의 권리를 취득	해당 권리를 취득한 날 또는 관할 소방서장으로부터 소방안전 관리자 선임 안내를 받은 날
소방본부장 또는 소방서장이 공동 소방안전관리 대상물로 지정	소방본부장 또는 소방서장이 공동 소방안전관리 대상으로 지정한 날
소방안전관리자 해임	소방안전관리자를 해임한 날
소방안전관리업무를 대행하는 자를 감독하는 자를 소방안전 관리자로 선임한 경우로서 그 업무대행 계약의 해지 또는 종료	소방안전관리업무 대행이 끝난 날

구분	점검 대상	점검자의 자격(주된 인력)
최초점검	건축물을 사용할 수 있게 된 날부터 60일 이내 특정소방대상물 중 소방공사감리자가 지정되어 소방공사감리결과보고서로 완공검사를 받은 특정소방대상물	• 소방시설관리업에 등록된 소방시설관리사 • 소방안전관리자로 선임된 소방시설관리사 또는 소방기술사

작동점검	• 특정소방대상물
	• 작동점검 대상 제외: 소방안전관리자를 선임하지 않는 대상, 위험물 제조소등, 특급소방안전관리대상물
		• 간이스프링클러설비(단, 주택전용 간이스프링클러설비 제외) 또는 자동화재탐지설비가 설치된 특정소방대상물
		   - 관계인
		   - 관리업에 등록된 기술인력 중 소방시설관리사
		   - 「소방시설공사업법 시행규칙」에 따른 특급점검자
		   - 소방안전관리자로 선임된 소방시설관리사 및 소방기술사
		• 기타
		   - 소방시설관리업에 등록된 소방시설관리사
		   - 소방안전관리자로 선임된 소방시설관리사 또는 소방기술사

종합점검	• 최초점검대상 • 스프링클러설비가 설치된 특정소방대상물 • 물분무등소화설비[호스릴(Hose Reel) 방식 제외]가 설치된 연면적 5천m² 이상인 특정소방대상물(위험물 제조소등 제외) • 다중이용업소(산후조리원, 안마시술소, 고시원, 노래연습장, 단란주점, 유흥주점, 영화상영관, 비디오물감상실업)로서 연면적이 2천m² 이상인 것 • 제연설비가 설치된 터널 • 공공기관 중 연면적(터널·지하구의 경우 그 길이와 평균폭을 곱하여 계산된 값을 말한다)이 1천m² 이상인 것으로서 옥내소화전설비 또는 자동화재탐지설비가 설치된 것(단, 소방대가 근무하는 공공기관 제외)	• 소방시설관리업에 등록된 소방시설관리사 • 소방안전관리자로 선임된 소방시설관리사 또는 소방기술사

13 점검한도 면적·세대수

작동점검	종합점검
10,000m² · 250세대	8,000m² · 250세대

▶ 비고
1. 보조기술인력 1명씩 추가 시 종합점검은 2,000m², 작동점검은 2,500m²씩 더할 것
2. 보조기술인력 1명씩 추가 시 60세대씩 더할 것

14 소방박물관등의 설립과 운영

소방박물관	소방체험관
• 설립 · 운영자: 소방청장 • 설립과 운영에 필요한 사항: 행정안전부령으로 정함	• 설립 · 운영자: 시 · 도지사 • 설립과 운영에 필요한 사항: 행정안전부령으로 정하는 기준에 따라 시 · 도 조례로 정함

교육평가심의위원회	• 설치자: 안전원장 • 구성: 위원장 1명을 포함하여 9명 이하의 위원 • 위원장: 위원 중에서 호선 • 임기: 정한 것이 없음 • 연임 관계: 정한 것이 없음
손실보상심의위원회	• 설치자: 소방청장등 • 구성: 위원장 1명을 포함하여 5명 이상 7명 이하의 위원 • 위원장: 위원 중에서 호선 • 임기: 2년 • 연임 관계: 한 차례만 연임
화재안전조사위원회	• 설치자: 소방관서장 • 구성: 위원장 1명을 포함하여 7명 이내의 위원 • 위원장: 소방관서장 • 임기: 2년 • 연임 관계: 한 차례만 연임
화재안전영향평가심의회	• 설치자: 소방청장 • 구성: 위원장 1명을 포함한 12명 이내의 위원 • 위원장: 위원 중에서 호선 • 임기: 2년 • 연임관계: 한차례만 연임
성능위주설계 평가단	• 설치자: 소방청장, 소방본부장 • 구성: 평가단장을 포함한 50명 이내의 단원 • 위원장: 단원 중에서 소방청장, 소방본부장 임명 위촉 • 임기: 2년 • 연임관계: 2회에 한정하여 연임
(위험물누출) 사고조사위원회	• 설치자: 소방청장, 소방본부장 또는 소방서장 • 구성: 위원장 1명을 포함하여 7명 이내의 위원 • 위원장: 위원 중에서 소방청장, 소방본부장 또는 소방서장이 임명하거나 위촉 • 임기: 2년 • 연임 관계: 한 차례만 연임
하도급계약심사위원회	• 설치자: 발주자 • 구성: 위원장 1명과 부위원장 1명을 포함하여 10명 이내의 위원 • 위원장: 발주기관의 장(발주기관이 시 · 도인 경우에는 해당 기관 소속 2급 또는 3급 공무원 중에서, 발주기관이 공공기관인 경우에는 1급 이상 임직원 중에서 발주기관의 장이 지명) • 임기: 3년 • 연임 관계: 한 차례만 연임

교육평가심의위원회	• 소방안전교육 업무 담당 소방공무원 중 소방청장이 추천하는 사람 • 소방안전교육 전문가 • 소방안전교육 수료자 • 소방안전에 관한 학식과 경험이 풍부한 사람
손실보상심의위원회	• 소속 소방공무원 • 판사 · 검사 또는 변호사로 5년 이상 근무한 사람 • 「고등교육법」에 따른 학교에서 법학 또는 행정학을 가르치는 부교수 이상으로 5년 이상 재직한 사람 • 「보험업법」에 따른 손해사정사 • 소방안전 또는 의학 분야에 관한 학식과 경험이 풍부한 사람
화재안전조사위원회	• 과장급 직위 이상의 소방공무원 • 소방기술사 • 소방시설관리사 • 소방 관련 분야의 석사학위 이상을 취득한 사람 • 소방 관련 법인 또는 단체에서 소방 관련 업무에 5년 이상 종사한 사람 • 소방공무원 교육기관, 「고등교육법」의 학교 또는 연구소에서 소방과 관련한 교육 또는 연구에 5년 이상 종사한 사람
(위험물누출) 사고조사위원회	• 소속 소방공무원 • 기술원의 임직원 중 위험물 안전관리 관련 업무에 5년 이상 종사한 사람 • 한국소방안전원의 임직원 중 위험물 안전관리 관련 업무에 5년 이상 종사한 사람 • 위험물로 인한 사고의 원인 · 피해 조사 및 위험물 안전관리 관련 업무 등에 관한 학식과 경험이 풍부한 사람
하도급계약심사위원회	• 해당 발주기관의 과장급 이상 공무원(공공기관의 경우에는 2급 이상의 임직원) • 소방 분야 연구기관의 연구위원급 이상인 사람 • 소방 분야의 박사학위를 취득하고 그 분야에서 3년 이상 연구 또는 실무경험이 있는 사람 • 대학(소방 분야 한정)의 조교수 이상인 사람 • 소방기술사 자격을 취득한 사람

17 소방기술심의위원회

지방소방기술심의위원회

- 설치자: 시·도지사
- 구성: 위원장을 포함하여 5명 이상 9명 이하의 위원
- 심의사항: 소방시설에 하자가 있는지의 판단에 관한 사항, 연면적 10만㎡ 미만의 특정소방대상물에 설치된 소방시설의 설계·시공·감리의 하자 유무에 관한 사항, 소방본부장 또는 소방서장이 화재안전기준 또는 위험물 제조소등의 시설기준의 적용에 관하여 기술검토를 요청하는 사항, 소방기술과 관련하여 시·도지사가 심의에 부치는 사항

중앙소방기술심의위원회

- 설치자: 소방청장
- 구성: 위원장을 포함한 60명 이내의 위원
- 회의: 위원장과 위원장이 회의마다 지정하는 6명 이상 12명 이하의 위원으로 구성
- 심의사항: 화재안전기준에 관한 사항, 소방시설의 구조 및 원리 등에서 공법이 특수한 설계 및 시공에 관한 사항, 소방시설의 설계 및 공사감리의 방법에 관한 사항, 소방시설공사의 하자를 판단하는 기준에 관한 사항, 연면적 10만㎡ 이상의 특정소방대상물에 설치된 소방시설의 설계·시공·감리의 하자 유무에 관한 사항, 새로운 소방시설과 소방용품 등의 도입 여부에 관한 사항, 소방기술과 관련하여 소방청장이 심의에 부치는 사항

18 시험위원

소방안전교육사

- 실시자: 소방청장
- 위원 자격: 소방 관련 학과, 교육학과 또는 응급구조학과 박사학위 취득자, 「고등교육법」의 규정 중 어느 하나에 해당하는 학교에서 소방 관련 학과, 교육학과 또는 응급구조학과에서 조교수 이상으로 2년 이상 재직한 자, 소방위 이상의 소방공무원, 소방안전교육사 자격을 취득한 자
- 응시자격 심사위원 및 시험위원의 수: 응시자격 심사위원 3명, 시험위원 중 출제위원 시험과목별 3명, 시험위원 중 채점위원 5명
- 시험의 시행: 2년마다 1회 시행함을 원칙으로 하되, 소방청장이 필요하다고 인정하는 때에는 횟수 증감 가능

소방시설관리사

- 실시자: 소방청장
- 위원 자격: 소방 관련 분야의 박사학위를 가진 사람, 대학에서 소방안전 관련 학과 조교수 이상으로 2년 이상 재직한 사람, 소방위 이상의 소방공무원, 소방시설관리사, 소방기술사
- 시험위원의 수: 출제위원 시험 과목별 3명, 채점위원 시험 과목별 5명 이내 (제2차시험의 경우로 한정)
- 시험의 시행: 1년마다 1회 시행하는 것을 원칙으로 하되, 소방청장이 필요하다고 인정하는 때에는 횟수 증감 가능

소방안전관리자

- 자격증발급 및 시험실시자: 소방청장
- 시험 출제·관리자: 안전원장
- 위원자격: 소방관련 학사·석사·박사학위를 가진 사람, 소방안전관련학과 조교수 이상으로 2년 이상 재직한 사람, 소방위 이상의 소방공무원, 소방기술사, 소방시설관리사
- 시험의 시행: 특급 소방안전관리자 자격시험은 연 2회 이상, 1급·2급·3급 소방안전관리자 자격시험은 월 1회 이상

「화재의 예방 및 안전관리에 관한 법률」	「소방시설 설치 및 관리에 관한 법률」	「위험물안전관리법」	「소방시설공사업법」
• 1년 이하의 징역 또는 1천만원 이하의 벌금: 화재안전조사를 행할 때 • 300만원 이하의 벌금: 화재예방안전진단 및 위탁업무를 행할 때	• 1년 이하의 징역 또는 1천만원 이하의 벌금: 감독 시 출입 · 검사 업무를 행할 때 • 300만원 이하의 벌금: 성능위주설계 평가단 및 위탁업무를 행할 때	• 1천만원 이하의 벌금 • 위험물 저장 · 취급의 규정을 위반하여 관계인의 정당한 업무를 방해하거나 출입 · 검사 등을 수행하면서 알게 된 비밀을 누설한 자	• 300만원 이하의 벌금 • 소방시설업자, 실무교육기관, 한국소방안전원, 협회, 법인 또는 단체 등이 법을 위반하여 관계인의 정당한 업무를 방해하거나 업무상 알게 된 비밀을 누설한 사람

점검		정기검사	
정기점검	구조안전점검 (특정 · 준특정옥외탱크 저장소의 정기점검)	중간정기검사	정밀정기검사
• 점검자: 관계인 • 대상: 예방규정을 작성하는 제조소등, 지하탱크저장소, 이동탱크저장소, 위험물을 취급하는 탱크로서 지하에 매설된 탱크가 있는 제조소 · 주유취급소 또는 일반취급소 • 점검 횟수: 연 1회 이상 • 기록 · 유지: 3년	• 점검자: 관계인 • 대상: 옥외탱크저장소 중 저장 또는 취급하는 액체위험물의 최대수량이 50만L 이상인 것 • 점검 횟수: 특정 · 준특정옥외탱크저장소의 설치허가에 따른 완공검사합격확인증을 발급받은 날부터 12년, 최근의 정밀정기검사를 받은 날부터 11년 • 기록 · 유지: 25년	• 검사자: 소방본부장 또는 소방서장 • 대상: 액체위험물을 저장 또는 취급하는 50만L 이상의 옥외탱크저장소 • 점검 횟수: 특정 · 준특정옥외탱크저장소의 설치허가에 따른 완공검사합격확인증을 발급받은 날부터 4년, 최근의 정밀정기검사 또는 중간정기검사를 받은 날부터 4년	• 검사자: 소방본부장 또는 소방서장 • 대상: 액체위험물을 저장 또는 취급하는 50만L 이상의 옥외탱크저장소 • 점검 횟수: 특정 · 준특정옥외탱크저장소의 설치허가에 따른 완공검사합격확인증을 발급받은 날부터 12년, 최근의 정밀정기검사를 받은 날부터 11년

21 아파트 세대 수

100세대 이상	300세대 이상	500세대 이상
소방자동차 전용구역 설치 대상	소방안전관리보조자 선임 대상	상주공사 감리 대상

22 현장대응 활동

소방활동	소방지원활동	생활안전활동
화재, 재난·재해, 그 밖의 위급한 상황이 발생하였을 때 소방대를 현장에 신속하게 출동시켜 화재진압과 인명구조·구급 등 소방에 필요한 활동	• 산불에 대한 예방·진압 등 지원활동 • 자연재해에 따른 급수·배수 및 제설 등 지원활동 • 집회·공연 등 각종 행사 시 사고에 대비한 근접대기 등 지원활동 • 화재, 재난·재해로 인한 피해복구 지원활동 • 군·경찰 등 유관기관에서 실시하는 훈련지원 활동 • 소방시설 오작동 신고에 따른 조치활동 • 방송제작 또는 촬영 관련 지원활동	• 붕괴, 낙하 등이 우려되는 고드름, 나무, 위험 구조물 등의 제거활동 • 위해동물, 벌 등의 포획 및 퇴치 활동 • 끼임, 고립 등에 따른 위험제거 및 구출 활동 • 단전사고 시 비상전원 또는 조명의 공급 • 방치하면 급박해질 우려가 있는 위험을 예방하기 위한 활동

23 보유공지

제조소	옥외탱크저장소	간이탱크저장소
• 3m 이상: 지정수량의 10배 이하 • 5m 이상: 지정수량의 10배 초과	• 3m 이상: 지정수량의 500배 이하 • 5m 이상: 지정수량의 500배 초과 1천배 이하 • 9m 이상: 지정수량의 1천배 초과 2천배 이하 • 12m 이상: 지정수량의 2천배 초과 3천배 이하 • 15m 이상: 지정수량의 3천배 초과 4천배 이하, 최대지름과 높이 중 큰 것과 같은 거리 이상(단, 30m 초과의 경우에는 30m 이상, 15m 미만의 경우에는 15m 이상) • 펌프설비의 주위에는 너비 3m 이상의 공지를 보유	옥외에 설치하는 경우 탱크의 주위에 너비 1m 이상의 공지를 보유

24 밸브 없는 통기관(비압력탱크)

옥외탱크저장소	간이탱크저장소
• 지름은 30mm 이상일 것 • 끝부분은 수평면보다 45° 이상 구부려 빗물 등의 침투를 막는 구조 • 인화점이 38℃ 미만인 위험물만을 저장 또는 취급: 화염방지 장치 설치 • 그 외의 탱크: 40메쉬(mesh) 이상의 구리망 또는 동등 이상의 성능을 가진 인화방지장치를 설치(단, 인화점이 70℃ 이상인 위험물만을 해당, 위험물의 인화점 미만의 온도로 저장 또는 취급하는 탱크: 인화방지장치 설치 제외)	• 통기관의 지름은 25mm 이상으로 할 것 • 통기관은 옥외에 설치, 끝부분의 높이는 지상 1.5m 이상으로 할 것 • 끝부분은 수평면에 대하여 아래로 45° 이상 구부려 빗물 등이 침투하지 아니하도록 할 것 • 가는 눈의 구리망 등으로 인화방지장치를 할 것(단, 인화점 70℃ 이상의 위험물만을 해당 위험물의 인화점 미만의 온도로 저장 또는 취급하는 탱크에 설치하는 통기관에 있어서는 제외)

25 방유제 (이황화탄소 설치 제외)

제조소	옥외탱크저장소
방유제 용량: 하나의 취급탱크는 탱크용량의 50% 이상, 2 이상의 취급탱크는 당해 탱크 중 용량이 최대인 것의 50%에 나머지 탱크용량 합계의 10%를 가산한 양 이상	• 방유제 용량: 1기의 탱크는 탱크용량의 110% 이상, 2 이상의 탱크는 탱크 중 용량이 최대인 것의 용량의 110% 이상 • 방유제는 높이 0.5m 이상 3m 이하, 두께 0.2m 이상, 지하매설깊이 1m 이상으로 할 것 • 방유제 내의 면적은 8만m^2 이하 • 방유제 외면의 2분의 1 이상은 자동차 등이 통행할 수 있는 3m 이상의 노면 폭을 확보한 구내도로에 직접 접할 것

26 주의 게시판

제조소등	운반용기
• 물기엄금: 제1류 위험물 중 알칼리금속의 과산화물 또는 제3류 위험물 중 금수성물질 • 화기주의: 제2류 위험물(인화성고체 제외) • 화기엄금: 제2류 위험물 중 인화성고체, 제3류 위험물 중 자연발화성물질, 제4류 위험물 또는 제5류 위험물	• 제1류 위험물: 화기·충격주의 및 가연물접촉주의(단, 알칼리 금속의 과산화물 또는 이를 함유한 것은 물기엄금을 추가) • 제2류 위험물 중 철분·금속분·마그네슘: 화기주의 및 물기엄금 • 제3류 위험물 중 자연발화성물질: 화기엄금 및 공기접촉엄금 • 제3류 위험물 중 금수성물질: 물기엄금 • 제4류 위험물: 화기엄금 • 제5류 위험물: 화기엄금 및 충격주의 • 제6류 위험물: 가연물접촉주의

차광성 피복	방수성 피복	차광성·방수성 피복
• 제1류 위험물 • 제3류 위험물 중 자연발화성물질 • 제4류 위험물 중 특수인화물 • 제5류 위험물 • 제6류 위험물	• 제1류 위험물 중 알칼리금속의 과산화물 • 제2류 위험물 중 철분·금속분·마그네슘 • 제3류 위험물 중 금수성물질	제1류 위험물 중 알칼리금속의 과산화물

압력탱크	비압력탱크(압력탱크 외의 탱크)
• 자동적으로 압력의 상승을 정지시키는 장치 • 감압측에 안전밸브를 부착한 감압밸브 • 안전밸브를 겸하는 경보장치 • 파괴판(안전밸브의 작동이 곤란한 가압설비에 한정)	• 밸브없는 통기관 • 대기밸브 부착 통기관(5kPa 이하의 압력차이로 작동)

「소방기본법」	「소방의 화재조사에 관한 법률」	「화재의 예방 및 안전 관리에 관한 법률」	「소방시설 설치 및 관리에 관한 법률」	「위험물안전관리법」	「소방시설공사업법」
			10년 이하의 징역 또는 1억원 이하의 벌금 소방시설에 폐쇄·차단 등의 행위로 사망 7년 이하의 징역 또는 7천만원 이하의 벌금 소방시설에 폐쇄·차단 등의 행위로 상해	1년 이상 10년 이하 징역 고의로 제조소등에서 위험물을 유출·방출·확산시켜 사람의 생명·신체·재산에 대해 위험을 발생(양벌규정: 5천만원 이하 벌금) 무기 또는 3년 이상 징역 고의로 상해 발생(양벌규정: 1억원 이하 벌금) 무기 또는 5년 이상 징역 고의로 사망 발생(양벌규정: 1억원 이하 벌금) 7년 이하 금고 또는 벌금 7천만원 이하 제조소등에서 과실로 위험 발생(양벌규정: 해당 조문의 벌금형 부과) 10년 이하 징역, 금고, 벌금 1억원 이하 과실로 사망, 상해 발생	
5년 이하 징역 또는 벌금 5천만원 이하 • 소방활동 위반 (위력을 사용하여 방해하는 행위, 소방대가 현장에 출동하거나 현장에 출입하는			5년 이하의 징역 또는 5천만원 이하의 벌금 소방시설에 폐쇄·차단 등의 행위로 위험	5년 이하 징역 또는 벌금 1억원 이하 설치 허가를 받지 않고 제조소등 설치	

것을 고의로 방해하는 행위, 소방대원에게 폭행 또는 협박을 행사하여 방해하는 행위, 소방대의 소방장비를 파손하거나 그 효용을 해하여 방해하는 행위) • 소방자동차의 출동을 방해한 사람 • 종사명령을 방해한 사람 • 정당한 사유 없이 소방용수시설 또는 비상소화장치를 사용하거나 소방용수시설 또는 비상소화장치의 효용을 해치거나 그 정당한 사용을 방해한 사람				
3년 이하 징역 또는 벌금 3천만원 이하 현장에서 강제처분을 방해한 자 또는 정당한 사유 없이 그 처분에 따르지 아니한 자	3년 이하 징역 또는 벌금 3천만원 이하 • 화재안전조사에 따른 조치명령을 정당한 사유 없이 위반한 자 • 소방안전관리자 선임에 따른 명령을 정당한 사유 없이 위반한 자 • 화재예방안전진단에 따른 보수·보강 등의 조치명령을 정당한 사유 없이 위반한 자 • 거짓이나 그 밖의 부정한 방법으로 진단기관 지정을 받은 자	3년 이하 징역 또는 벌금 3천만원 이하 • 법으로 정하는 조치명령을 정당한 사유 없이 위반한 자 • 관리업의 등록을 하지 아니하고 영업을 한 자 • 소방용품의 형식승인을 받지 아니하고 소방용품을 제조하거나 수입한 자 또는 거짓이나 그 밖의 부정한 방법으로 형식승인을 받은 자 • 제품검사를 받지 아니한 자 또는 거짓이나 그 밖의 부정한 방법으로 제품검사를 받은 자	3년 이하 징역 또는 벌금 3천만원 이하 저장소·제조소가 아닌 곳에서 지정수량 이상의 위험물을 저장·취급	3년 이하 징역 또는 벌금 3천만원 이하 소방시설업 등록을 하지 않고 영업

		• 소방용품을 판매·진열하거나 소방시설공사에 사용한 자 • 거짓이나 그 밖의 부정한 방법으로 성능인증 또는 제품검사를 받은 자 • 제품검사를 받지 아니하거나 합격표시를 하지 아니한 소방용품을 판매·진열하거나 소방시설공사에 사용한 자 • 구매자에게 명령을 받은 사실을 알리지 아니하거나 필요한 조치를 하지 아니한 자 • 거짓이나 그 밖의 부정한 방법으로 전문기관으로 지정을 받은 자		
1년 이하 징역 또는 벌금 1천만원 이하 • 화재안전조사 시 관계인의 정당한 업무를 방해하거나, 조사업무를 수행하면서 취득한 자료나 알게 된 비밀을 다른 사람 또는 기관에게 제공 또는 누설하거나 목적 외의 용도로 사용한 자 • 소방안전관리자 자격증을 다른 사람에게 빌려주거나 빌리거나 이를 알선한 자 • 진단기관으로부터 화재예방안전진단을 받지 아니한 자	1년 이하 징역 또는 벌금 1천만원 이하 • 점검을 하지 아니하거나 관리업자등으로 하여금 정기적으로 점검하게 하지 아니한 자 • 소방시설관리사증을 다른 사람에게 빌려주거나 빌리거나 이를 알선한 자 • 동시에 둘 이상의 업체에 취업한 자 • 자격정지처분을 받고 그 자격정지기간 중에 관리사의 업무를 한 자 • 관리업의 등록증이나 등록수첩을 다른 자에게 빌려주거나 빌리거나 이를 알선한 자	1년 이하 징역 또는 벌금 1천만원 이하 • 탱크시험자로 등록하지 아니하고 탱크시험자의 업무를 진행 • 제조소등에 대한 긴급 사용정지·제한명령을 위반 • 운반용기에 대한 검사를 받지 아니하고 운반용기 사용·유통	1년 이하 징역 또는 벌금 1천만원 이하 • 영업정지 기간에 영업 • 화재안전기준을 위반하여 설계·시공 • 거짓으로 감리 • 공사감리자 미지정 ↳ vs 감리원 미배치: 벌금 300만원 • 거짓으로 보고 • 소방시설업자가 아닌 자에게 소방시설공사를 도급 • 도급계약 및 하도급계약의 위반 • 소방기술자의 명령을 따르지 아니함

- 영업정지처분을 받고 그 영업정지기간 중에 관리업의 업무를 한 자
- 제품검사에 합격하지 아니한 제품에 합격표시를 하거나 합격표시를 위조 또는 변조하여 사용한 자
- 형식승인의 변경승인을 받지 아니한 자
- 제품검사에 합격하지 아니한 소방용품에 성능인증을 받았다는 표시 또는 제품검사에 합격하였다는 표시를 하거나 성능인증을 받았다는 표시 또는 제품검사에 합격하였다는 표시를 위조 또는 변조하여 사용한 자
- 성능인증의 변경인증을 받지 아니한 자
- 우수품질인증을 받지 아니한 제품에 우수품질인증 표시를 하거나 우수품질인증 표시를 위조하거나 변조하여 사용한 자
- 감독으로 관계인의 정당한 업무를 방해하거나 출입·검사업무를 수행하면서 알게 된 비밀을 다른 사람에게 누설한 자

벌금 1천500만원 이하
- 위험물 안전관리자 미선임
- 대리자 미선임
- 업무정지명령 위반

				벌금 1천만원 이하	
				• 탱크안전성능시험의 허위 점검 • 위험물의 저장·취급에 관한 중요기준을 위반	
				• 안전관리자 또는 대리인의 참여 없이 위험물을 저장·취급 • 위험물 취급에 관한 안전관리와 감독을 하지 않음 • 변경 예방규정을 제출하지 않음 • 위험물 운반의 중요기준을 따르지 않음 ↳ vs 3분법 세부기준: 과태료 500만원 • 비밀 누설 • 관계인의 정당한 업무방해(정기검사, 감독, 조사)	
벌금 300만원 이하 출동 중에 강제처분을 방해한 자 또는 정당한 사유 없이 그 처분에 따르지 아니한 자	벌금 300만원 이하 • 허가 없이 화재현장에 있는 물건 등을 이동시키거나 변경·훼손한 사람 • 정당한 사유 없이 화재조사관의 출입 또는 조사를 거부·방해 또는 기피한 사람 • 관계인의 정당한 업무를 방해하거나 화재조사를 수행하면서 알게 된 비밀을 다른 용도로 사용하거나 다른 사람에게 누설한 사람	벌금 300만원 이하 • 화재안전조사를 정당한 사유 없이 거부·방해 또는 기피한 자 • 화재의 예방조치에 따른 명령을 정당한 사유 없이 따르지 아니하거나 방해한 자 • 소방안전관리자, 총괄소방안전관리자 또는 소방안전관리보조자를 선임하지 아니한 자 • 소방시설·피난시설·방화시설 및 방화구획 등	벌금 300만원 이하 • 평가단 및 소방청장의 위탁업무를 수행하면서 알게 된 비밀을 목적 외의 용도로 사용하거나 다른 사람 또는 기관에 제공하거나 누설한 자 • 방염성능검사에 합격하지 아니한 물품에 합격표시를 하거나 합격표시를 위조하거나 변조하여 사용한 자 • 거짓 시료를 제출한 자		벌금 300만원 이하 • 소방시설업 등록증, 등록수첩 대여 ↳ vs 관리업: 1년 이하 징역 또는 1천만원 이하 벌금 • 자격수첩, 경력수첩 대여 • 동시에 둘 이상 업체에 취업 ↳ vs 관리사: 1년 이하 징역 또는 1천만원 이하 벌금 • 감리업자의 보완 요구를 따르지 않음

• 정당한 사유 없이 증거물 수집을 거부·방해 또는 기피한 사람	이 법령에 위반된 것을 발견하였음에도 필요한 조치를 할 것을 요구하지 아니한 소방안전관리자 • 소방안전관리자에게 불이익한 처우를 한 관계인 • 화재예방안전진단 업무를 수행하면서 알게 된 비밀을 이 법에서 정한 목적 외의 용도로 사용하거나 다른 사람 또는 기관에 제공하거나 누설한 자	• 자체점검 시 필요한 조치를 하지 아니한 관계인 또는 관계인에게 중대위반 사항을 알리지 아니한 관리업자등	• 공사감리 계약을 해지하거나 대가지급 거부·지연 등의 불이익 제공 • 비밀 누설 • 감리원 미배치

벌금 100만원 이하
- 정당한 사유 없이 소방대의 생활안전활동을 방해한 자
- 소방대가 현장에 도착할 때까지 사람을 구출하는 조치 또는 불을 끄거나 불이 번지지 아니하도록 하는 조치를 하지 아니한 사람
- 피난 명령을 위반한 사람
- 정당한 사유 없이 물의 사용이나 수도의 개폐장치의 사용 또는 조작을 하지 못하게 하거나 방해한 자
- 방해행위의 제지 등에 따른 조치를 정당한 사유 없이 방해한 자

벌금 100만원 이하
- 소방청장의 행정업무를 위탁받은 기관 등이 정당한 사유 없이 관계공무원의 출입 또는 검사·조사를 거부·방해·기피
- 소방청장의 행정업무를 위탁받은 기관 등이 명령을 위반하여 보고 또는 자료 제출을 하지 아니하거나 거짓으로 함

과태료 500만원 이하
- 화재 또는 구조·구급이 필요한 상황을 거짓으로 알린 사람
- 화재, 재난·재해, 그 밖의 위급한 상황을 소방본부, 소방서 또는 관계 행정기관에 알리지 아니한 관계인

과태료 200만원 이하
- 한국119청소년단 또는 이와 유사한 명칭을 사용한 자
- 소방자동차의 출동에 지장을 준 자
- 소방활동구역을 출입한 사람
- 한국소방안전원 또는 이와 유사한 명칭을 사용한 자

과태료 100만원 이하
전용구역에 차를 주차하거나 전용구역에의 진입을 가로막는 등의 방해행위를 한 자

시·도 조례 과태료 20만원 이하
화재오인 우려 행위 신고를 하지 아니하여 소방자동차를 출동하게 한 자

과태료 200만원 이하
- 허가 없이 통제구역에 출입한 사람
- 명령을 위반하여 보고 또는 자료 제출을 하지 아니하거나 거짓으로 보고 또는 자료를 제출한 사람
- 정당한 사유 없이 출석을 거부하거나 질문에 대하여 거짓으로 진술한 사람

과태료 300만원 이하
- 화재예방강화지구, 준하는 장소에서 모닥불 등의 행위를 한 자
- 소방안전관리자를 겸한 자
- 소방안전관리업무를 하지 아니한 특정소방대상물의 관계인 또는 소방안전관리대상물의 소방안전관리자
- 소방안전관리업무의 지도·감독을 하지 아니한 자
- 건설현장 소방안전관리대상물의 소방안전관리자의 업무를 하지 아니한 소방안전관리자
- 피난유도 안내정보를 제공하지 아니한 자
- 소방훈련 및 교육을 하지 아니한 자
- 화재예방안전진단 결과를 제출하지 아니한 자

과태료 200만원 이하
- 불을 사용할 때 지켜야 하는 사항 및 특수가연물의 저장 및 취급 기준을 위반한 자

과태료 300만원 이하
- 소방시설을 화재안전기준에 따라 설치·관리하지 아니한 자
- 공사 현장에 임시 소방시설을 설치·관리하지 아니한 자
- 피난시설, 방화구획 또는 방화시설의 폐쇄·훼손·변경 등의 행위를 한 자
- 방염대상물품을 방염성능기준 이상으로 설치하지 아니한 자
- 점검능력 평가를 받지 아니하고 점검을 한 관리업자
- 관계인에게 점검 결과를 제출하지 아니한 관리업자등
- 점검인력의 배치기준 등 자체점검 시 준수사항을 위반한 자
- 점검 결과를 보고하지 아니하거나 거짓으로 보고한 자
- 이행계획을 기간 내에 완료하지 아니한 자 또는 이행계획 완료 결과를 보고하지 아니하거나 거짓으로 보고한 자
- 점검기록표를 기록하지 아니하거나 특정소방대상물의 출입자가 쉽게 볼 수 있는 장소에 게시하지 아니한 관계인

과태료 500만원 이하
- 위험물의 저장·취급 세부기준 위반
- 위험물 운반의 세부기준 위반
- 제조소등의 폐지신고, 안전관리자 선임선고를 아니하거나 허위로 함
- 승인을 받지 아니함
- 품명 등 변경신고, 지위승계신고, 등록사항의 변경신고를 기간 내에 하지 아니하거나 허위로 함
- 점검결과를 기록·보전하지 아니함
- 위험물 운송에 관한 기준을 따르지 아니함

과태료 200만원 이하
- 소방기술자 공사현장 미배치
  ↳ vs 감리원 미배치: 벌금 300만원 이하
- 완공검사를 받지 아니함
- 3일 이내 하자보수를 하지 않거나 하자보수계획을 관계인에게 거짓으로 알림
- 관계인에게 지위승계, 행정처분 또는 휴업·폐업의 사실을 거짓으로 알림
- 관계서류를 보관하지 아니함
- 방염성능기준 미만으로 방염
- 하도급 등의 통지를 아니함
- 보고 또는 자료를 거짓으로 제출
- 변경신고를 아니하거나 거짓으로 함

- 화재예방강화지구에서 소방설비등의 설치 명령을 정당한 사유 없이 따르지 아니한 자
- 기간 내에 선임 신고를 하지 아니하거나 소방안전관리자의 성명 등을 게시하지 아니한 자
- 기간 내에 소방훈련 및 교육 결과를 제출하지 아니한 자

과태료 100만원 이하
실무교육을 받지 아니한 소방안전관리자 및 소방안전관리보조자

- 변경 및 지위승계 신고를 하지 아니하거나 거짓으로 신고한 자
- 지위승계, 행정처분 또는 휴업·폐업의 사실을 특정소방대상물의 관계인에게 알리지 아니하거나 거짓으로 알린 관리업자
- 소속 기술인력의 참여 없이 자체점검을 한 관리업자
- 점검실적을 증명하는 서류 등을 거짓으로 제출한 자
- 보고 또는 자료제출을 하지 아니하거나 거짓으로 보고 또는 자료제출을 한 자 또는 정당한 사유 없이 관계공무원의 출입 또는 검사를 거부·방해 또는 기피한 자

2024 대비 최신개정판

해커스소방

김진성
소방관계법규   합격생 필기노트

개정 3판 1쇄 발행 2023년 7월 17일

지은이	김진성 편저
펴낸곳	해커스패스
펴낸이	해커스소방 출판팀

주소	서울특별시 강남구 강남대로 428 해커스소방
고객센터	1588-4055
교재 관련 문의	gosi@hackerspass.com
	해커스소방 사이트(fire.Hackers.com) 교재 Q&A 게시판
학원 강의 및 동영상강의	fire.Hackers.com

ISBN	979-11-6999-380-7 (13350)
Serial Number	03-01-01

소방공무원 1위,
해커스소방 fire.Hackers.com

해커스소방

· 해커스 스타강사의 소방관계법규 무료 동영상강의

· 해커스소방 학원 및 인강(교재 내 인강 할인쿠폰 수록)

해커스소방